T0294159

# Las herederas de Euterpe

Redbook

Joan M. Martí

# Las herederas de Euterpe

Diseño de cubierta: Regina Richling

Diseño de interior: Quim Miserachs

Fotografías interiores: Wikimedia Commons / APG imágenes

Todas las imágenes son © de sus respectivos propietarios y se han incluido a modo de complemento para ilustrar el contenido del texto y/o situarlo en su contexto histórico o artístico. Aunque se ha realizado un trabajo exhaustivo para obtener el permiso de cada autor antes de su publicación, el editor quiere pedir disculpas en el caso de que no se hubiera obtenido alguna fuente y se compromete a corregir cualquier omisión en futuras ediciones.

ISBN: 978-84-18703-32-4

Depósito legal: B-9.045-2022

Impreso por Reprográficas Malpe, S.A.
c/ Calidad, 34, bloque 2, nave 7
Pol. Ind. "Los Olivos" 28906 Getafe - Madrid
Impreso en España - *Printed in Spain*

*A todas ellas, por ser las herederas*
*de la inspiración de Euterpe.*

# Índice

# Introducción

Actualmente, los estudios musicológicos, los conciertos programados, las plantillas orquestales y las grabaciones musicales nos muestran una historia de la música muy diferente a la de hace tan solo unas décadas, donde el rol femenino era casi anecdótico. La participación de la mujer en el campo musical profesional ha ido aumentando a medida que ha avanzado la sociedad y la cultura occidental. Este libro busca dar visibilidad a aquellas autoras e intérpretes que han pasado desapercibidas durante muchos años por diversos motivos.

Se conoce la existencia de compositoras e intérpretes femeninas a lo largo de la historia. Algunas de ellas ocuparon posiciones importantes dentro de su sociedad, como las sacerdotisas o las damas de la nobleza. Otras tuvieron que soportar ser señaladas o criticadas por la vida que conllevaba trabajar en el mundo de la música. Y las hay que hicieron música para su círculo más íntimo, en el arropo del hogar, con el fin de educar, compartir momentos lúdicos o distraer a las visitas de amigos y parientes. Todas ellas conforman esta parte de la historia de la música que poco a poco va mostrando más allá de los grandes compositores y sus obras más conocidas. Así pues, encontramos a damas virtuosas del teclado y a su vez compositoras para las que W.A. Mozart escribió algunas de sus sonatas. Otras, cuyas óperas fueron mejor recibidas por el público y tuvieron más representaciones que las del propio G. Verdi o R. Wagner en el mismo teatro y en la misma temporada. Mujeres que, con su tesón y confianza, pudieron acceder a un mundo masculino, como asistir a determinadas lecciones en instituciones oficiales, tocar instrumentos o ponerse al frente de una orquesta.

En este libro hablaremos sobre todas ellas de una forma divulgativa y transversal, ya que se ha dividido en secciones y temas diferentes: las integrantes de orquesta, las compositoras de la nobleza, las músicas religiosas o las compositoras de ópera, por ejemplo.

El texto se acompaña de imágenes y de audiciones recomendadas que ofrecen la posibilidad de escuchar su música mientras se lee el texto. El período abarcado finaliza con el siglo XX, y algún apunte del XXI.

Como dice la frase: no son todas las que están, ni están todas las que son. Desdichadamente han quedado muchas de ellas fuera de estas páginas, pero ello no significa que no sean igual de importantes. Cada aporte, cada pieza interpretada, creada, improvisada, es un avance para la cultura general y para la historia de la música en particular. ♪

# Divinidades, musas, sacerdotisas e intérpretes de la Edad Antigua

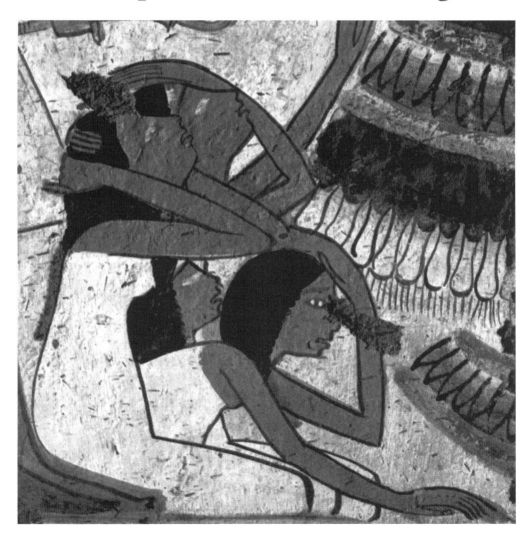

La música forma parte intrínseca del ser humano. Nos acompaña en todos los momentos de nuestra existencia al igual que hacían nuestros antepasados hace miles de años. Cantos y danzas rituales, ya fueran de fecundación o funerarios, para pedir una buena cacería, lluvia abundante, la sanación de un miembro de la comunidad, etc., formaban parte de la vida cotidiana. Los primeros instrumentos, fabricados de hueso, troncos huecos, cañas, conchas, caracolas y demás, acompañaban a la voz y a la percusión corporal y, a su vez, se combinaban con movimientos o danzas. La música estaba siempre unida a un ritual o a una celebración como una parte más de ésta y no como un elemento aislado. La comunidad era partícipe tanto directa como indirectamente de estos actos y de la música que en ellos se desarrollaba.

## En la prehistoria

Diversos hallazgos arqueológicos han sacado a la luz flautas y otros instrumentos. Gracias a las pinturas rupestres sabemos que se empleaba ya el arco de forma musical. En el libro *Los cazadores de mamuts*, de la escritora estadounidense Jean M. Auel, Ayla, la intrépida protagonista, percute un cráneo de mamut a modo de tambor como el hallado en el yacimiento de Mezhirch en Ucrania, que data unos 40.000 años de antigüedad.

Encontramos representaciones de danzas en pinturas rupestres como las de la *Cova del Moro* en El Cogul, una bella localidad de la provincia de Lleida, que datan del epipaleolítico y tienen más de 6.000 años de antigüedad. En estas pinturas observamos una serie de figuras humanas que estarían realizando una danza/rito de fecundidad. Se trata de un grupo de nueve mujeres que danzan. Una está sola y las demás estan aparejadas y con diferente color, sea rojo o negro. El conjunto de mujeres danza alrededor de una pequeña figura masculina con un pene desproporcionado. La escena se completa con representaciones de animales varios como cérvidos y bóvidos.

Hace también miles de años que se tiene la imagen de una figura con un tambor de marco en el fresco de una sala de un edificio en la ciudad neolítica de Çatalhöyük, en Konya (Turquía, 7000 – 5700 a.C.). En la escena se puede observar un gran toro en la parte central y diversas figuras alrededor de él. Una de ellas sujeta en una mano un elemento arqueado mientras en la otra sostiene lo que parece ser un tambor de marco. Hay figuras llevan el elemento arqueado y otras que podrían asimilarse a sonajeros encorvados. Otros instrumentos del neolítico conservados son tambores de arcilla o barro cocido con ojales para poder tensar la piel sobre ellos y decorados de forma que parecen instrumentos rituales, y también sonajas con forma de seres humanos o de animales (3000 a.C.).

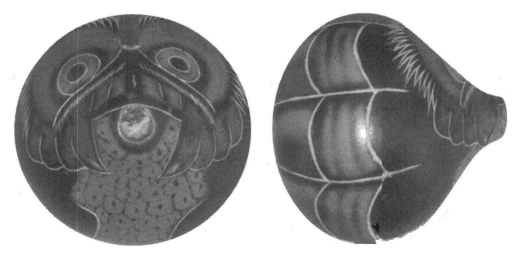

Reproducción actual de una sonaja zoomórfica en representación
de un ave creada con una calabaza. Origen: Mesoamérica. Colección privada.

En el citado yacimiento de Çatalhöyük se encontró también una figura femenina a modo de Venus que está sentada y flanqueada por dos leonas. Una imagen similar a la diosa Cibeles, a la que se representaba sentada en un trono flanqueada por leones y, antiguamente, con un tambor de marco en una mano.[1]

## Lipushiau, la primera intérprete de nombre conocido

La vinculación del tambor de marco a una deidad femenina es muy importante en el sentido que éste se convirtió en un instrumento ritual interpretado por las sacerdotisas y divinidades, como ocurrió en Mesopotamia, donde encontramos el culto a Inanna, diosa de la Luna en la región sumeria, y a Nanna Suen, su equivalente masculino.

Una de sus sacerdotisas fue Lipushiau (2380 a.C.) que, de hecho, se ha convertido en la percusionista más antigua de la que conocemos su nombre. Así pues, Lipushiau vivió en la ciudad estado de Ur el año 2380 a.C. y ocupó el más alto cargo espiritual, financiero y administrativo de Ekinshnugal, el templo más importante de Ur. El cargo de sacerdotisa conllevaba ciertas responsabilidades administrativas del estado, además de la realización de rituales espirituales y de culto religioso. Lipushiau tiene como emblema el *balag-di*, un pequeño tambor de marco circular que se utilizaba para dirigir los cánticos del culto en las ceremonias.

Ligado también a ceremonias, pero con un sentido diferente al de Ur, encontramos este pequeño instrumento de percusión en Ebla, en la actual Siria, donde existía un cuarteto al servicio de la familia real.

## El tambor de marco. Un instrumento femenino ritual

El tambor de marco como instrumento ritual tocado por mujeres se expandió como elemento de culto a Inanna, también conocida como Ishtar, Astare o Anat (entre otros) en regiones de Oriente Próximo como Mesopotamia, Asiria o Palestina.

Mujer tocando el tambor de marco.
Chipre. 600-400 a.C.
Metropolitan Museum of Art de Nueva York.

1. Encontramos diversas denominaciones para el tambor de marco: pandero, tímpano, tamboril, toph, pandereta (si lleva los crótalos metálicos en el marco), etc.

Dios Bes y tres mujeres músicas tocando una siringa, una flauta doble y una cítara. Egipto, 332–330 a.C. Metropolitan Museum of Art de Nueva York.

Instrumentos conservados en tumbas, frescos y relieves egipcios nos muestran este instrumento vinculado a la diosa Isis y al dios Bes, aunque la diosa egipcia de la música fuera Hator.

Entre los instrumentos egipcios recuperados hay un tambor de marco de doble cara y de estructura rectangular, que fue hallado en la tumba de Hatnofer, una mujer que vivió en el año 1400 a.C. aproximadamente. De ella se sabe bien poco y se cree que fue ascendiendo en la escala social egipcia sin llegar a ocupar un estatus destacado y que fue la madre de Senenmut, uno de los funcionarios del estado más relevantes en el reinado de Hatshepsut, que fue reina, faraona y también música.

Existe un hallazgo que vincula a Isis con el tambor de marco. Se trata de una piel de tambor con una inscripción y la representación de una mujer tocándolo y situada frente a Isis. La inscripción no deja lugar a dudas del vínculo entre esta piel de tambor y la diosa egipcia: «Isis, dama de los cielos y señora de las diosas».

Algunas de las sacerdotisas dedicadas al culto de Isis tomaban su nombre, como es el caso de Iti, enterrada en una importante tumba en las proximidades de Gizeh (2563 – 2424 a.C.). Sabemos de ella que era una cantora muy admirada en su época. Tenemos un ejemplo en la tumba del juez y sacerdote Nikawre en la que se esculpió un relieve en el que se representa a dos mujeres: una que toca el arpa y otra que canta mientras se tapa el oído izquierdo como si comprobara la afinación (posición con la que se acostumbraba a representar a las cantantes). El relieve contiene el nombre de las dos artistas. La arpista, la primera conocida de la historia,

El tambor de marco como elemento ritual también aparece en Egipto, Grecia y Roma. Se creía que su toque inducía a un estado de trance que favorecía la adivinación. Por ello, muchas de esas sacerdotisas eran reconocidas también como profetisas. Vemos como el uso del tambor de marco, percutido con las manos o con una baqueta, ligaría con los usos chamánicos de otras culturas.

es Hekenu y la cantante, no podía ser otra que Iti. Este relieve con la inscripción de las dos intérpretes musicales nos da idea de la importancia que ambas tuvieron en el Antiguo Egipto.

En uno de los frescos de la tumba de Rekhmire, en Tebas (1430 a.C.) se representa a dos mujeres tañendo el arpa y el laúd egipcios y a una tercera tocando el tambor de marco rectangular con ambas manos. Dos mujeres más que hacen palmas completan el conjunto musical. El grupo está de pie, como si estuvieran realizando un acompañamiento musical a una procesión o un desfile. Otro de los muchos ejemplos lo encontramos en la tumba de Djeserkaraseneb, en Qurna, y fechado entre el 1400 y 1390 a.C. durante el reinado de Tutmosis IV.

Esta témpera de Charles K. Wilkinson (1920-1921) reproduce las músicas en los frescos de la tumba de Djeserkaraseneb en Qurna y está fechada entre el 1400 y 1390 a.C. Metropolitan Museum of Art de Nueva York.

En la Biblia también encontramos el uso del tambor de marco tocado por una mujer importante en el pueblo hebreo, a la cual se la denominaba *profetisa*. Lo hallamos en el pasaje de la abertura del Mar Rojo, cuando los hebreos marchaban de Egipto. En él se nos narra que Miriam, la hermana de Moisés y Aarón, tocó el tímpano (tambor de marco) en un cántico de alabanza a Yahvé cuando una vez había pasado el pueblo de Israel a través del camino abierto entre las aguas del mar, éstas se cerraron ahogando a las huestes del faraón y salvando a los hebreos. En aquel instante, otras mujeres también siguieron el ejemplo de Miriam. Así pues, en el libro del Éxodo del Antiguo Testamento, 15: 20-21, podemos leer los siguientes versículos:

«María, la profetisa, hermana de Arón, tomó en sus manos un tímpano, y todas las mujeres seguían en pos de ella con tímpanos y danzando; y María les respondía: "Cantad a Yahvé, que ha hecho resplandecer su gloria precipitando al mar al caballo y al caballero".»[2]

Tal como nos muestra este fragmento, tenemos a Miriam representada en actitud de tocar el tambor de marco en varios templos religiosos, como en la *Minster* gótica de Beverly, en el Yorkshire del Reino Unido, donde Miriam es una de las tallas de madera que decoran y sustentan el órgano ubicado en la separación entre la nave central y el coro.

También encontramos el tambor de marco en la Antigua Grecia como instrumento de las Ménades en la adoración de la diosa Cibeles y del dios Dionisio. También fue utilizado por las sacerdotisas de las diosas Afrodita, Artemisa y Deméter y también lo encontramos en el culto en el Imperio Romano, hasta que se adoptó de forma oficial el cristianismo como religión del Imperio mediante el edicto de Tesalónica, el año 380 d.C. con Teodosio I como emperador,

El uso del tambor de marco, sea circular o cuadrangular, estaba relacionado con actividades vinculadas con la adivinación además de poseer vínculos chamánicos relacionados con la naturaleza. Al-Masudi (896-956), historiador y geógrafo nacido en Bagdad, narra cómo dos cantoras de la tribu de 'Ad y que eran conocidas como las *Yaradatán*, es decir *las dos saltamontes*, se trasladaron a La Meca como sacerdotisas con la misión de realizar rituales para propiciar la lluvia. Otra vinculación de los tambores de marco con rituales para invocar la lluvia lo encontramos en unas cantoras que estaban al servicio del emir Mu'awiya b. Bakr (661–680) que compusieron y cantaron unos versos con los que invocaban a sus dioses pidiendo que lloviese en su pueblo mientras se acompañaban de tambores de marco y flautas.

Respecto a las cantoras, en Egipto había unas cantantes en los templos dedicados a Amón. Un ejemplo de ellas son las conocidas como *Cantoras de Amón* de la ciudad de Tebas, las cuales deben su nombre al dios Amón, que era el protector de dicha ciudad. El conjunto estaba integrado por mujeres de las familias más importantes de la ciudad, que además formaban parte

2. Los pasajes de este capítulo referidos a la Biblia se han extraído de la edición de 1962 de la Biblioteca de Autores Cristianos, de Madrid.

En esta estela del escultor Qen se representa
a Amenhotep I y a Ahmose-Nefertari.
Metropolitan Museum of Art de Nueva York.

del servicio real y participaban en los ritos de los templos bajo la dirección de la propia Gran Esposa Real Ahmose - Nefertari (1540 a. C.), esposa de Ahmosis I, madre de Amenhotep I y segunda profetisa de Amón.

Otro ejemplo de la vinculación de una reina egipcia con las cantoras lo hallamos con Hatshepsut. Se sabe que ella misma dirigió a un grupo de cantoras previo a ocupar el máximo cargo del imperio, el de reina faraona en 1490 a.C. Junto a su monumental tumba se hallaron las de unos sacerdotes de Amón y en una de ellas se encuentra grabado el nombre de la cantora Tentioh,

que era de la ciudad de Mur, y vivió alrededor del año 950 a.C. De una fecha aproximada sería el bello sarcófago de Ihé, otra cantora de Amón, conservado en el Museo Arqueológico Nacional de España. Las cantoras de Amón ocuparon un lugar destacado en la civilización egipcia, tal y como se observa en el transcurso de las excavaciones en Egipto, donde se han hallado varias tumbas, estatuillas y representaciones de otras cantoras de Amón que nos indican la importancia y rango social que éstas llegaron a poseer en el Antiguo Egipto.

También son numerosas las representaciones del sistro, además de los propiamente encontrados en tumbas. Esta especie de sonajero ritual estaba vinculado a la diosa Isis, y su uso en el culto se exportó a Grecia y a Roma. En el transcurso de la historia ha sido tocado tanto por sacerdotes como sacerdotisas, tal y como muestran la gran cantidad de pinturas y relieves encontrados en los que aparece este instrumento claramente vinculado al culto religioso.

## Enheduanna, la compositora más antigua de nombre conocido

Las mujeres músicas, fueran esclavas o libres, formaban parte de séquitos y fiestas en la antigüedad. Como es el caso de la princesa Enheduanna, que vivió y gobernó en la ciudad mesopotámica de Ur. Fue suma sacerdotisa y también es conocida por ser la compositora de himnos que acompañaba con música, siendo la primera mujer que firmó sus creaciones. De ella se conservan unos himnos a Inanna y a Nanna en treinta y siete tabletas de arcilla con escritura cuneiforme, además de una representación de la princesa en un disco de alabastro que se conoce como disco de Enheduanna, en el que la suma sacerdotisa, compositora, poeta y gobernante, está situada en el centro ricamente ataviada (ver más sobre Enheduanna en el capítulo *Las reinas de la música*).

Hemos visto que la música e interpretación debían formar parte del aprendizaje de esas mujeres de alto rango. Una estela muy conocida por los astrónomos es la del rey Meli-Shipak I (1186-1172 a.C.). En ella está esculpida en relieve una escena de presentación en la que el rey presenta a su hija, la princesa, a la diosa Nannaya. Completan la escena una luna creciente que representa al dios Sin, un sol que hace lo propio con el dios Shamash y la estrella de ocho puntas que es el emblema de Ishtar (Inanna). Esta estela es muy valorada por los astrónomos por las representaciones de los astros que contiene y su significado. Hay un detalle muy importante que llama la atención: se trata del atributo que lleva la joven princesa en su mano, una cítara, un instrumento musical muy valorado en todas las civilizaciones de la cuenca mediterránea y especialmente en Mesopotamia.

Que la princesa sea representada con este instrumento puede darnos a entender que poseía una formación y una preparación. Lo que no sabemos es si dichos aprendizajes los adquirió para entrar a formar parte del culto a la diosa Nannaya o para la administración del estado, nada extraño en las culturas del Oriente Próximo. Hemos visto ejemplos de mujeres con altos rangos administrativos, económicos y espirituales en Lipushiau y en Enheduanna.

Otro ejemplo muy conocido es el caso de Débora que aparece en el libro Jueces: 4–5, del Antiguo Testamento. Débora es jueza y profetisa, destaca su canto triunfal frente a la derrota de Sisara. En la relación de mujeres poderosas y cabezas de estado, no podemos olvidar a la esposa real Ahmose - Nefertari, o a la mismísima Hatshepsut, esposa y faraona de las Dos Tierras del Imperio egipcio.

La música, la religión y la administración del estado iban muy ligadas y estaban integradas tanto por hombres como por mujeres. La cítara que lleva la princesa en la estela de Meli-Shipak podría, pues, representar la capacitación de la joven para poder ocupar cualquiera de los cargos necesarios para el gobierno económico, legal, administrativo, social o espiritual de su territorio, a modo de símbolo de su propia cultura y preparación. Esta idea de la música como capacitación, como emblema de los aprendizajes adquiridos, la encontraremos en la cultura occidental hasta el siglo XX.

## La tableta de Ugarit, la partitura más antigua

En relación con la cítara y el canto de una pieza espiritual, cabe destacar la partitura más antigua conservada y que fue hallada en el palacio real de Ugarit, en Siria. Se trata de un cántico dedicado al culto de la diosa Nikkal-wa-ter, diosa de la huerta en Ugarit, Canaán y Fenicia. El cántico fue grabado sobre una tableta de barro en un conjunto de seis unidades encontradas. En la sexta tableta encontramos este cántico ceremonial que está escrito en lengua hurrita y con grafía cuneiforme. El texto presenta lagunas por estar incompleto y también porque la lengua hurrita todavía no puede descifrarse por completo. Además, parece que el texto está escrito en una variante del hurrita estándar, lo que dificulta más su posible traducción. Debajo de él hay dos líneas paralelas que separan la música del texto. Por ejemplo, en la parte de la música, escribe Titimisărte 2 y Zirte 1, refiriéndose Titimisărte a las cuerdas 3 y 5 y Zirte a las cuerdas 4 y 6 de un sammûm de nueve cuerdas, una especie de lira o cítara. La música indica la distancia entre dos cuerdas (notas) que se puede conocer gracias a otras tablillas que explican la afinación de dichas cuerdas en este instrumento, pero los números que acompañan a los intervalos de cuerdas Titimisărte 2 y Zirte 1, todavía son un misterio que dan pie a varias opiniones de expertos. La cuestión es que realmente se desconoce el ritmo del cántico y sólo puede interpretarse la línea melódica sin ritmo. Se puede destacar que la partitura más antigua conservada está dedicada a una deidad femenina.

Lira egipcia (reconstruida). 1550–1458 a.C. (aprox.). Metropolitan Museum of Art de Nueva York.

AUDICIÓN: HIMNO A NIKKAL-WA-TER. TABLETA 6 DE UGARIT

## Las orquestas femeninas en el antiguo Egipto

En Egipto encontramos numerosas muestras de agrupaciones musicales femeninas que realizan música en ceremonias, desfiles y fiestas. Un ejemplo muy conocido es la escena del banquete de la tumba de Nebaum (1400–1350), que fue escriba y contable en el almacén de cereales del templo de Karnak. Este trabajo le permitió costearse una lujosa tumba ricamente decorada con frescos que muestran escenas del campo y la conocida escena del banquete, en la que podemos admirar dos grupos de músicas. En uno de ellos se observa un conjunto de cuatro mujeres ricamente ataviadas y vestidas de igual forma, sentadas en el suelo, donde tres dan palmas y la cuarta está tocando la flauta doble. Dos jóvenes bailarinas danzan a su lado. La otra escena musical del banquete de esta tumba está formada también por un conjunto musical femenino vestido al igual que el anterior y compuesto por cinco mujeres, en el cual dos de ellas tocan el laúd egipcio, otra hace palmas, mientras que la cuarta toca la flauta doble. La imagen de la quinta integrante está dañada e incompleta, por ello es difícil aventurar qué instrumento interpretaba o cuál era su función en el grupo.

## UNA PODEROSA HERRAMIENTA DE COMUNICACIÓN

**En Oriente Próximo, como en muchas otras localizaciones, la música tenía un poder de transmutación y de comunicación. Si bien en las ceremonias religiosas y de culto conectaba entes y espiritualidades, en el mundo físico y social —no tan alejado del religioso— la música se entendía como un elemento de comunicación superior al habla ya que transmitía sensaciones a la vez que comunicaba. Para Homero la música proporcionaba placer, pero también ayuda y consuelo. Aun hoy en día, ¿no sucede que hay canciones que nos hacen llorar? ¿No hay intérpretes que nos llegan al alma? ¿No hay piezas musicales que nos llenan de energía positiva para afrontar cualquier cosa? ¿Verdad que escogemos una música para trabajar, otra para divertirnos, otra para recordar u otra para desconectar? Sería lo mismo, pero con un cierto halo de misticismo.**

# Mujeres músicas en Grecia

Como vemos, la música siempre ha formado parte de la sociedad, sea en el ámbito que sea. También en el lúdico y el familiar. Hasta ahora hemos hablado de sacerdotisas, cantoras, siervas al servicio de los templos o de familias adineradas, pero es impensable que la música no estuviera presente en todos los estratos sociales. Cantos de trabajo, nanas, canciones de juego, plañideras en funerales, etc., formaban parte del día a día.

Había mujeres profesionales de la música que eran libres e itinerantes y que, al no poder dedicarse a la maternidad por completo y al gobierno de su casa, tenían que convivir con los prejuicios sociales. Estaban mal vistas y mal consideradas, pero las que cantaban, bailaban y tocaban bien eran contratadas y muy valoradas. Ser música independiente era, pues, un arma

Vasija con la representación de una mujer tocando la cítara y dos que escuchan. Se cree que podría tratarse de una de las muchas representaciones de Safo. Metropolitan Museum of Art de Nueva York.

de doble filo, en el sentido de que por un lado perjudicaba su reputación y se las vinculaba con la prostitución –especialmente aquella *auletris* que participaba de los banquetes masculinos en la Antigua Grecia–, pero por otro lado se las ensalzaba en el caso que su canto o su arte como tañedoras de instrumentos de cuerda o flauta fuera en un sentido ceremonial o lúdico-familiar.

En la Antigua Grecia surgieron compositoras de las que conocemos el nombre de alguna de ellas. Quizás la más importante sea Safo de Lesbos (625–569 a.C.), que fundó una academia de música y poesía exclusivamente para muchachas que se desplazaban a la isla de Lesbos desde todo el territorio griego. Safo era intérprete de la flauta y de la lira (se le atribuye la incorporación del uso del plectro en este instrumento) y se cree que fue quien desarrolló el *pektris*, una especie de salterio o arpa triangular, además de componer y participar con sus alumnas en ritos y festivales religiosos. De sus composiciones conservamos una oda completa y algún fragmento más de otras obras, pero se sabe que escribió nueve libros de odas. Fue conocida y muy valorada por sus epitalamios (cantos nupciales). Esta forma poética de sus cantos se tomó como ejemplo durante muchos años en las culturas clásicas, desde Roma a Egipto.

Se conoce como *auletris* a la mujer que tocaba el *aulós*, una especie de oboe de dos cañas. También encontraremos *auléteres*, que sería el plural de *auletris*.

La fama de Safo fue enorme y de ella Platón dijo que era una musa más. Se conoce también la admiración de Sócrates y Aristóteles hacia su obra. Incluso los bustos que la representaban eran robados, como el que sustrajo Verres, contra quien Cicerón dedicó un discurso. Sirvió de inspiración a Horacio y al veronés Cayo Valerio Catulo. De Safo se conservan varias representaciones, entre ellas unos bustos (como el que debió robar Verres) o en unas vasijas donde aparece sentada en actitud de leer, mientras otra figura sujeta una cítara, que es uno de los instrumentos que se utilizaban para acompañar la lectura de poemas.

**La propia palabra Música = *Mousike*, se puede traducir como el arte de las Musas, de las que encontramos numerosas representaciones a lo largo de los tiempos. Las representaciones de las nueve musas nos presentan a Euterpe, la musa de la música, con la tibia, una especie de flauta, y a Erato, musa de la poesía con una cítara o con una lira, que eran los instrumentos empleados para acompañar el recitado/canto del poema.**

Frontal de sarcófago tardo-romano (s. III d.C.) que nos presenta la lucha entre las musas y las sirenas (representadas como mujeres-pájaro). En él podemos observar a Euterpe con la tibia y a Erato con la cítara combatiendo con sus artes frente a sus respectivas sirenas. Metropolitan Museum of Art de Nueva York.

En la Antigua Grecia también encontramos a Telesila de Argos, que compuso himnos de guerra y marchas militares cuando su ciudad fue amenazada por los espartanos (510 a.C.), además de hacer un acopio de armas que repartió entre las mujeres para defender a su ciudad. Gozó de fama en su época y en tiempos posteriores por sus composiciones de cantos políticos y por los himnos entonados por las vírgenes en ceremonias dedicadas a Apolo y Artemisa, conocidas como *parthenaia*. De Esparta era Megolástrata, compositora, bailarina y poetisa conocida con el sobrenombre de «la hermosa rubia», que dirigía un coro femenino para el que componía sus piezas musicales. El

*Partenion*, obra del poeta y músico Alcmán, era un conjunto de danzas corales para ser ejecutadas por doncellas en Esparta, polis que tuvo diversas escuelas dedicadas a la *mousike*. Desgraciadamente no se ha conservado ni su música ni sus coreografías. Como vemos, Esparta era mucho más que una polis guerrera y fue una de las primeras en tener escuelas dedicadas a la Música.

Contemporánea de Telesila de Argos, fue Praxila de Sición (s. V a.C.) de la que se conserva muy poca obra. Sus versos fueron parodiados por Aristófanes, lo que da pie a pensar que su obra era muy conocida en su época. Se sabe que compuso himnos, ditirambos (obras corales destinadas a los festivales de culto a Dionisio) y canciones de banquete. El hecho que escribiera justamente canciones de banquete hace pensar que pudiera tratarse de una hetaria, que eran mujeres que participaban en los banquetes masculinos, pudiendo ser un símil de las cortesanas venecianas del Renacimiento. Otras poetisas-compositoras de la Antigua Grecia fueron Helena, citada por Ptolomeo, y también Theano, esposa de Pitágoras, con quien desarrollo la teoría musical de las esferas.

En *El banquete* de Platón hay escenas protagonizadas por flautistas. En una de ellas, se encontraban reunidos, Sócrates, Pausanias y Fedro, entre otros, que habían acabado de comer y se disponían a beber y a hablar/filosofar acordando no emborracharse en esa reunión. En este punto intervino Erixímaco:

> «—Pues bien —dijo Erixímaco—: una vez que se ha aprobado que se beba lo que cada uno quiera y que no haya coacción alguna, propongo a continuación que se mande a paseo a la flautista que acaba de entrar —¡que toque su instrumento para ella sola, o, si quiere, para las mujeres de dentro!— y que nosotros pasemos la velada de hoy en mutua conversación...»[3]

Como podemos observar en este fragmento de *El Banquete*, había una mujer tocando la flauta durante la comida y la sobremesa. En el momento que los hombres se dispusieron a hablar de cosas importantes, lo mejor que se les ocurrió fue «mandarla a paseo» o a que distrajera con su música a las mujeres que estaban en una estancia aparte. Este es un ejemplo de música circunstancial, lúdica o ambiental, interpretada por una mujer en la Grecia clásica.

---

3. Platón: *El banquete. Fedón*. Introducción, traducción y notas de Luis Gil. Ed. Planeta, pp. 9 – 10.

Mujer tocando el aulós.
Fragmento de copa de
terracota.
500–490 a. C. (atribuida
a Apolodoro).
Metropolitan Museum
of Art de Nueva York

Existen numerosos restos cerámicos como vasijas, vasos, platos, etc. que contienen imágenes de hombres tumbados y mujeres tocando el aulós, una especie de oboe doble con boquilla que tocan mientras ellos beben, comen, hablan o las admiran. Otras reproducen explícitas escenas sexuales con ellas, las auléteres. El aulós era considerado más un instrumento recreativo que no de culto religioso y muchas de las mujeres que participaban en los banquetes masculinos tocaban este instrumento. En referencia al sentido que tenía el aulós como instrumento recreativo, Dionisio, dios de la embriaguez y también del frenesí, dirigía los coros de las Bacantes y tocaba la flauta/aulós. Según la mitología griega, la inventora del aulós fue la diosa Atenea, que lo arrojó al suelo ya que le deformaba el rostro. Se da el caso de lo que se conoce actualmente como enfermedad o dolencia profesional, ya que los y las auléteres, los intérpretes del aulós, debido al mucho tiempo que empleaban en tocar el instrumento, sufrían deformidades faciales y parálisis al forzar la boca y los labios para evitar la salida de aire entre los dos tubos. Para evitarlo se ataban una *phorbeia*, una tira de piel, sobre la boca para que no se escapase el aire y tocar el instrumento musical el tiempo requerido. Se conservan reproducciones iconográficas con auléteres que utilizan una *phorbeia* mientras tocan el aulós, ya sea en restos de cerámica como en relieves, tanto hombres jóvenes como mujeres.

Cabe tener en cuenta que, si bien había mujeres auléteres, éstas no podían tocar el aulós en el teatro del siglo VI a.C., ni tampoco la lira, ya que eran instrumentos musicales reservados para ser tañidos por hombres. El rol femenino en el teatro consistía en cantar y bailar en los coros que enmarcaban los actos y en tocar instrumentos en la orquesta, excepto el aulós y la lira. Como es conocido, todos los papeles eran representados por hombres y, si representaban papeles femeninos, usaban máscaras y pelucas. Por ello, el sueldo de las mujeres que participaban en el teatro era inferior al de sus compañeros.

En *El banquete*, unas pocas páginas después del fragmento que hemos leído anteriormente, Alcíbades llega a la reunión. Viene acompañado de una pequeña comitiva entre la cual hay otra flautista que está tocando su instrumento para anunciar su llegada. La participación musical femenina en este tipo de comitivas y procesiones no era extraña. Posidippus nos describe en sus epigramas a Aglaïs, hija de Megacles, que tocó una especie de trompeta en la primera gran procesión de Alejandría, en el año 270 a.C., ataviada con una peluca y un penacho en la cabeza. Este sería un caso excepcional puesto que los instrumentos de viento metal de la familia de las trompetas estaban destinados más a usos militares y bélicos.

AUDICIÓN: EL AULÓS.

En el arte ibérico existen representaciones de auléteres (ss. III–II a.C.) que, según qué autor, participan en desfiles militares o, según otros, representan a las transmisoras y evocadoras de desfiles, batallas y combates. Generalmente estas figuras pintadas en utensilios cerámicos, esculpidas en relieves sobre piedra o en terracotas, acostumbran a ser mujeres. En estas representaciones observamos una división de instrumentos por cada sexo. El masculino se representa tocando una especie de tuba mientras que el femenino hace lo propio con el aulós, ya que, en esta cultura hispana y al igual que las del resto de culturas de la cuenca mediterránea, las mujeres ocupaban roles importantes en su sociedad y eran las guardianas y transmisoras de la tradición y la memoria, y lo hacían cantando y tocando instrumentos como el aulós.

En *La República* de Platón, hay un momento en que Sócrates y Glaucón discuten si los hombres y las mujeres son o no iguales. Sócrates defiende que los cargos importantes para el estado deberían ocuparlos cualesquiera que tuviera máxima capacitación y preparación para ello, fuera hombre o mujer. Después del uso de la dialéctica, la conclusión a la que se llega es la defendida por Sócrates en un inicio, la igualdad de capacidades. Por ello, estas mujeres capacitadas deberían ser educadas en gimnasia, música y en la guerra. La gimnasia y la música eran entendidas como enseñanzas menos rígidas. La primera era referida a la cultura física y la segunda *(mousike)* a la cultura mental y aglutinaba tanto a la poesía como la danza, el canto, la ejecución instrumental y la oratoria, entre otros.

No es hasta la época Helénica (s. IV a.C.) que las posiciones segregadas se acercaron en la cultura griega con escuelas para cada género, lo que incrementó el conocimiento femenino en el campo de la música y de la poesía, permitiendo a las mujeres participar en festivales y concursos como el de Delfos, del cual algunas fueron ganadoras.

## LA EXENCIÓN DE IMPUESTOS COMO PREMIO

La arpista Polygnota, hija de Sócrates el Tebano, ganó los Juegos Píticos el año 86 a.C. después de estar tres días tañendo el arpa bajo las peticiones de los arcones (los magistrados) y del público. Su premio consistió en una corona de laurel, además de 500 dracmas y una serie de privilegios para ella y su descendencia. Entre esta serie de privilegios estaba la exención del pago de tributos, un asiento en un lugar prominente en todos los juegos que se llevasen a cabo en Delfos y, además, el derecho de tener en propiedad una casa y tierras, entre otros.

Otra poetisa compositora ganadora de juegos y concursos fue Corina de Tebas o de Tanagra, profesora de Píndaro, uno de los más célebres poetas de Grecia, al que venció en varias ocasiones en competiciones poéticas (5 o 7 según cada autor). La obra musical de Corina motivó que Antipater la considerara una musa terrenal. Aunque no se han conservado muestras de sus obras, sabemos que compuso piezas para coro femenino, obras líricas, poesía y cinco libros de epigramas.

Retornando a los juegos de Delfos, en el año 90 a.C., los antecesores de los de la gran victoria de Polygnota, se sabe que sonó el *hydraulis*, un órgano de ocho a quince tubos que funcionaba gracias a la presión ejercida por el agua que empujaba el aire por unos tubos biselados y los hacía sonar. El *hydraulis* fue inventado por Ctesbio hacia el siglo III a.C. y su primera intérprete no fue otra que Thais, la esposa del inventor de este instrumento musical del cual se fabricaron innumerables ejemplares en jardines del Renacimiento y también en catedrales como mínimo hasta el s. XIX. Actualmente existe un *hydraulis* en Zadar (Croacia) que fue diseñado por el arquitecto Nikola Bašić e inaugurado en 2005, y que suena de forma natural según mande el oleaje del mar Adriático. Así pues, tenemos que Thais se convierte en la primera organista de la historia en el siglo III a.C. tañendo el *hydraulis* inventado por su esposo.

Otra tañedora de *hydraulis* la encontramos en los mosaicos de Ziten, Líbia, s. II d.C. en los que se representan diversos juegos de gladiadores y también la orquesta que amenizaba estas sesiones y donde quien tañe el *hydraulis*, tanto por su ropaje como por su peinado, puede identificarse con una mujer.

## Damas y esclavas músicas en el Imperio Romano

Se conservan ciertos datos de mujeres músicas de la Antigua Roma, especialmente en inscripciones y también en estelas funerarias, además de

estatuas y frescos y cerámica donde se representa a mujeres en actitud de
tañer un instrumento. Si visitamos Pompeya podremos admirar los frescos
de algunas *domus* romanas. En ellos hay diversidad de representaciones de
la vida diaria. Encontraremos varios con mujeres tocando instrumentos
de cuerda pulsada como la cítara y la lira, pero también el aulós. Como
uno de ellos, en los que se ve a una mujer afinando la cítara con la mano
izquierda mientras que con la derecha tañe una pequeña arpa para que le
dé la nota a afinar.

En la antigüedad existían músicas esclavas y músicas libres al servicio
de un señor o señora. Ejemplos de ellos lo encontramos en los escritos
conservados y en las reproducciones iconográficas, sean pinturas en cerámicas, frescos o relieves, pero también representadas en los sarcófagos,
las estelas funerarias y los epitafios. Gracias a ellos sabemos de una mujer
llamada Pollia Saturnina, que falleció a los treinta años y que yace con
sus hijos gemelos. El texto grabado en su estela nos indica que *fue una
cantante que brilló por sus canciones aprendidas*, lo que significa que no era
compositora sino intérprete. Como cantantes también fueron las gemelas
Thelxis Cothia y Chelys Cothia conocidas por la estela que la segunda

dedicó a la primera. En el Museo
Nacional de Arte Romano, en Mérida, se conserva la estela funeraria
de Lutatia Lupata (s. II), a la que se
representa sujetando un *pandurium*,
un instrumento de la familia del
laúd. Su estela le fue dedicada por
otra mujer, Lutatia Severa. Se desconoce la relación existente entre
las dos mujeres. ¿Quizás madre e
hija? ¿profesora y alumna? ¿o tal vez
las dos cosas? Otra estela funeraria
de una laudista es la de Licinia, una
esclava liberada por Gaius, de quien
fue su asistente del hogar y laudista.

Estela funeraria
de Lutaia Lupata. S. II d.C.
Museo Nacional de Arte
Romano, Mérida.

Tenemos el caso de estelas dedicadas a esclavas músicas, fueran libertas o no, como hemos visto con Licinia. Otro ejemplo sería el de Paesuza, que fue esclava de Julio César como cantante solista y que falleció a los 18 años. Siguiendo esta línea, en el yacimiento de Segóbriga (Cuenca), se halló la estela funeraria de Iucunda, una joven esclava a la que se representó tocando la cítara. Vemos pues que las esclavas músicas eran muy apreciadas por parte de sus amos, que les dedicaron estos monumentos funerarios en su honor y recuerdo resaltando su arte como intérprete musical.

Un caso aparte es el sarcófago de Júlia Tirrania (ss. I–II d.C.), que contiene varios instrumentos musicales en relieve: en la parte derecha se puede observar un laúd de perfil y una cítara con su plectro, y en la izquierda, un órgano hidráulico *(hydraulis)* y una siringa (flauta de Pan) al lado de un carnero y un árbol. Aunque existen diversas hipótesis, se desconoce el significado de estos relieves, ni siquiera si Júlia Tirrania era música.

El conjunto de figuras de terracota conocido como El concierto de Ægina (s. III a.C.) conservado en el museo del Louvre de París, procedente de una tumba de Ægina, nos muestra una serie de figuras femeninas y otras más alegóricas tañendo instrumentos de cuerda como la lira y la cítara y también unos sonajeros. Unas están sentadas y otras parece que estén bailando.

En la cultura ibérica se han encontrado también figuras de mujeres músicas realizadas en terracota en yacimientos funerarios, como la dama que toca una cítara hallada en las excavaciones de Cabecico del Tesoro, en Verdolay (Murcia) y que data también entre el siglo III - II a.C.

## El epitafio de Seikilos: el canto a una esposa

Al tratar de monumentos funerarios de la época clásica relacionados con la música y las mujeres, no podemos olvidar la columna que contiene el epitafio de Seikilos, la partitura más antigua que se puede transcribir a notación actual tanto en notas como en ritmo. Este monumento funerario fue erigido por Seikilos en memoria de su mujer Euterpe y se ubicó cerca de Trales, actual Aydin, en Turquía. El azar hizo que esta pieza de capital importancia para la historia de la música (s.I a.C.-s. I d.C.) se conservara no en un museo sino en un jardín, donde sustentaba una maceta de flores. En esta columna se puede leer:

«Soy una imagen de piedra.
Seikilos me puso aquí para siempre,
símbolo de eterno recuerdo.

Deslumbra mientras vivas
y no te aflijas más de lo necesario,
porque la vida es corta
y el tiempo te roba las aspiraciones.»

El profundo y reflexivo texto de la segunda estrofa tiene escrito encima unas letras del alfabeto que serían las notas, es decir la altura del sonido (nuestras notas la, fa, mi…) y encima de algunas de ellas, unos símbolos que sería el ritmo de la nota en cuestión y de las siguientes hasta que no se indicara otro.

Este pequeño fragmento del ejemplo sólo recoge dos de las ocho notas en letras del alfabeto que combinadas entre sí forman la melodía. La transcripción musical del texto sería el cambio de todas las letras diferentes combinadas con los símbolos para dar una partitura actual.

Tenemos, pues, que la primera escritura musical de la que podemos descifrar y transcribir toda la letra, las notas y el ritmo, está dedicada a una mujer.

AUDICIÓN:
EPITAFIO
DE SEIKILOS.

# Las reinas de la música.
# Compositoras e intérpretes
# entre la realeza

La música es intrínseca al ser humano y la hallamos en todas las culturas. Asimismo, la encontramos en todos los eslabones sociales y con diversos objetivos: cantos de trabajo, de juegos, nanas, toques de guerra, música sacra, música de fiesta, etc. La música era aprendida tanto de forma imitativa y de memoria como estudiada con un sistema de aprendizaje y lectura musical establecido.

Tanto la realeza como la nobleza, y más tarde la burguesía, empleaban la música como un divertimiento o con funciones concretas (entierros y rituales religiosos, trabajo, juegos) al igual que el resto de su sociedad. Utilizaban la música como un símbolo de poder económico frente a otras comunidades y estamentos, además de ser una muestra de cultura y saber estar. El aprendizaje del baile, del canto, de tocar unos instrumentos ellos y otros ellas, de conocer los rudimentos de composición para poder improvisar y poder leer una partitura, formaban parte del saber de la realeza y de la alta nobleza de la cultura occidental.

En este capítulo trataremos de las mujeres de lo más altos estamentos y que tuvieron alguna relación con la interpretación y/o la creación musical. Reinas, regentes, princesas, archiduquesas, condesas, marquesas fueron grandes intérpretes, algunas de ellas compositoras; otras, mecenas que incentivaron con su poder la creación musical. Sobre ellas existen historias y rumores que no siempre son del todo ciertos y que trataremos en las páginas que siguen.

## Princesas músicas en Mesopotamia, Egipto, Grecia y Roma

En Mesopotamia tenemos varios ejemplos de mujeres con un alto poder económico, administrativo y espiritual que estaban relacionadas con la casa real. Las sacerdotisas de los templos mesopotámicos tenían un poder importantísimo. Si bien de la primera percusionista conocida de la historia, Lipushiau (2380 a.C,) se sabe que era la máxima responsable financiera, administrativa y espiritual de Ekishnugal, el templo más importante en la ciudad estado de Ur, otra mujer llamada Enheduanna fue la suma sacerdotisa del templo de Nanna, también de la ciudad estado de Ur, en Sumeria, y la primera que se conoce que compuso piezas musicales y que firmó sus escritos. Enheduanna era hija del rey Sargón I de Acad, hermana del rey Rimush y tía del rey Naram-Sin. Ostentó su cargo no sin problemas políticos, que motivaron su expulsión y posterior restauración como suma sacerdotisa.

Se conoce que Enheduanna escribió, al menos, cuarenta y dos himnos dirigidos a ser interpretados en diferentes templos y que se han podido reconstruir gracias a treinta y siete tablillas de barro encontradas en las excavaciones de Ur y de Nippur, lo que indica que eran empleados mucho tiempo después de su muerte. De ellos, además de estos cuarenta y dos himnos, las composiciones de Enheduanna se integran por cuatro textos más, entre los que destaca *Nin-me-sara*, donde la princesa narra su exilio y solicita a Nanna y a Inanna (dios y diosa de la Luna) su intercesión.

Los sumerios, allá en el IV milenio a.C. inventaron la escritura, que grababan con un punzón sobre tablillas de barro que eran cocidas en hornos o al sol.
El hallazgo de este tipo de tablillas ha permitido conocer la organización social, política y económica de las antiguas civilizaciones de Mesopotamia, así como su religión y vicisitudes históricas. La partitura más antigua que se ha hallado ha sido en una de estas tablillas datada en el siglo XIV a. C. en Ugarit, en la actual Siria y es un himno a la diosa Nikkal.

Enheduanna es una muestra del poder y el conocimiento de las mujeres de la nobleza en Mesopotamia. Lo que nos da a entender que la música ya era un símbolo de educación. La estela de Meli-Shipak I (1186–1172) nos muestra a este rey presentando a su hija a la diosa Nannaya. Como se comenta en el capítulo dedicado a las mujeres en la música en la antigüedad, la princesa lleva como atributo una lira, un instrumento musical que podría simbolizar su conocimiento y sus capacidades.

Esta simbiosis entre el poder y el estado con la religión la vemos también ejemplificada en Egipto. Allí, tenemos el caso de Ahmose - Nefertari (1540 a.C.), esposa de Ahmosis I y madre de Amenhotep I. En este caso, la Gran Esposa Real y segunda profetisa de Amón dirigía al coro de las cantoras de Amón en celebraciones religiosas en Tebas. Este grupo de cantoras estaba formado por mujeres nobles. En Egipto también encontramos a Hatshepsut, quien fue el V faraón de la decimoctava dinastía de Egipto. La reina faraón dirigía a un grupo de cantoras antes de ocupar el máximo cargo en 1490 a.C (aprox.) en el trono de las Dos Tierras.

En el capítulo dedicado a las mujeres músicas en la antigüedad tenemos ejemplos de intérpretes y creadoras de la Grecia y Roma clásicas. La música femenina era presente en dichas culturas tal y como lo atestiguan textos, esculturas y pinturas conservadas, pero es difícil encontrar a alguna mujer de la nobleza vinculada con la música hasta la época medieval. Excepto Telesila de Argos, de la que sabemos su origen noble por los escritos de Plutarco. Su heroicidad frente a las tropas espartanas cuando éstas atacaron su ciudad le valió el reconocimiento de sus conciudadanos, que crearon un festival en el que hombres y mujeres se intercambiaban las vestiduras, tal como hizo ella, vistiéndose de guerrero para defender a Argos. Se sabe que Telesila compuso diversos textos, puesto que autores como Ateneo o Pausanias la citan. Entre sus obras habría una oda a Apolo además de otros poemas en honor de Apolo y Artemis, aunque lo único que se conserva de su obra son los versos pertenecientes a una *parthenaia* que trata sobre el amor entre Artemis y el río Alfeo y que eran ejecutados por un coro de vírgenes, con un ritmo vivo y acompañado de música y danza.

Hatshepsut con el sejemty, la corona de las Dos Tierras y barba postiza. The Metropolitan Museum of Art de Nueva York.

Las *Parthenaia* o partenios eran composiciones líricas para ser interpretadas por un coro de vírgenes. Sus temas estaban relacionados con alguna deidad femenina.

En las culturas clásicas, la música también se interpretaba en casa y de puertas para adentro. En Boscoreale, una zona rica donde los nobles y adinerados pompeyanos edificaban sus villas, se encuentra la perteneciente a Fannius Synistor (50–40 a.C.) que atesora un fresco en el que hay dos figuras femeninas que observan directamente al espectador. Una de ellas está sentada en una silla bellamente tallada. Se trata de una joven mujer ataviada con telas y joyas de oro como brazaletes o pendientes y una diadema también de oro. Esta joven está en actitud de tocar una cítara, pero no una cítara cualquiera, sino una cítara dorada, con la que se acostumbra a representar a Apolo. Detrás de ella hay una niña también ataviada con joyas de oro.

Mujer con cítara y niña. Villa de Fannius Synistor. 50–40 a.C.
Boscoreale. The Metropolitan Museum of Art de Nueva York.

Los ricos ropajes de la mujer sentada que tañe la cítara hacen pensar que podría tratarse de una persona de alto linaje o poder adquisitivo, una cortesana, una musa, una reina o princesa macedonia, ya que la pintura es similar a la de una tumba hallada en Macedonia. Su identidad continúa siendo un misterio.

## Reinas y damas de la alta nobleza. Trovadoras y troveras.

Si nos trasladamos a la Edad Media, hallamos damas de la alta nobleza e incluso reinas reconocidas como trovadoras y troveras. Así pues, en la cultura occitana de los siglos XII y XIII encontramos a las trovadoras o *trobairitz*, mujeres de noble linaje que participaban junto a los trovadores del amor cortés en la zona sur de la actual Francia, en Occitania. Sus canciones son de tema amoroso, llegando a ser mucho más físico hacia el rol del amigo que respecto al sentido de amor utópico escrito por los trovadores a sus damas. Escribían en occitano sus canciones de amor, de lamento, de amor no correspondido, de alba… Las *tenso*, unas piezas de diálogo entre el pretendiente y la dama, eran uno de sus modelos más empleados y gracias a ellas hemos conocido a algunas de las trovadoras.

Las trovadoras exigían fidelidad al amigo, pero también una capacidad intelectual y espiritual siempre vinculada con el amor incondicional, y un amor al prójimo para erradicar la violencia de aquellos años bélicos en los que les tocó vivir, como las cruzadas contra los cátaros, que asolaron Occitania.

Se conocen más de una veintena de trovadoras y de algunas de ellas tenemos la *vida*, una explicación que nos indica su nombre, procedencia, si estaban casadas y con quien, a quien dedicaban sus canciones, su educación y otros detalles sobre su biografía, además de un pequeño retrato idealizado (al igual que se hacía con los trovadores) que precede a sus obras en manuscritos medievales. Por ejemplo, el Cancionero Real I, conservado en la Biblioteca Nacional de Francia, nos presenta a Azalis de Porcaraigues (1170 aprox.), la primera *trobairitz* de nombre conocido. De ella dice:

> «Azalis de Porcaraigues, de la zona de Montpellier. Gentil dama y enseñada. Enamorada de Gui Guerreiar, que era hermano de Guillem de Montpellier, y la dama sabía trovar e hizo de él muy buenas canciones.» (BnF, fr. 854, fol. 140r). (Traducción del autor.)

Seguidamente viene uno de sus poemas, el texto de su única canción conservada, aunque sin música. El manuscrito que la contiene puede consultarse gratuitamente gracias a la digitalización de la Biblioteca Nacional de Francia en *Gallica*, su portal de documentos digitalizados y de libre acceso (gallica.bnf.fr).

Otro ejemplo de estas vidas la encontramos en el mismo manuscrito topográfico fr. 854, cuando en los folios 124v y 125r nos presenta a Castelloza. De ella nos dice que es esposa de Truc de Mairona y que amaba a Arman de Breon, a quien dedicó sus canciones. Continua diciendo: «Et era domna mout gaia e·mout enseignada, e mout bella. Et aqui son escriptas de las soas cansos». Es decir, era señora muy alegre y muy enseñada (educada), y muy bella, y que en aquel libro están escritas sus canciones. Seguidamente el manuscrito presenta sus poemas sin música. De hecho, a Castelloza solamente se reconoce la autoría de tres textos y la de un cuarto, que presenta algunas dudas por lo que no puede atribuírsele a ciencia cierta.

En el mismo manuscrito, también el fr. 854, en el folio 141r, encontramos la vida de la que se consideraría la trovadora más importante. Se trata de Beatriu de Dia, conocida como la Comtessa de Dia. Aunque su identidad no está clara del todo, ya que, por los datos ofrecidos en la vida del manuscrito, la identificación de la Comtessa de Dia podría corresponder a dos damas que vivieron en el siglo XII una y otra del XIII, de mismo nombre. En esta *vida* leemos:

> «La comtessa di Dia si fo moiller de·n Guillem de Peitieuç. Bella domna e bona et enamoret·se de·n Raimbaut d'Aurenga, e·fes de lui muatas bonas cançoç ».

> *(La Condesa de Dia, si fue esposa de Guillem de Poitiers. Bella y buena dama, se enamoró de Rimbaud de Orange, e hizo de él muy buenas canciones.)*

Es decir, al igual que Castelloza, la Comtessa de Dia estaba casada, pero amaba a otro hombre. En este caso el trovador Raimbaut arenga a quien dedicaba sus canciones. De la Comtessa de Dia tenemos noticia al menos en doce cancioneros que la citan como autora de cuatro piezas. Una de sus composiciones nos sirve para mostrar este carácter más directo hacia el amor físico más que a un amor idealizado e imposible completamente utópico. Se trata de *Estat ai en greu cosirier* (He estado muy angustiada).

AUDICIÓN:
**COMTESSA DE DIA**
*ESTAT AI EN GREU COSIRIER*

La importancia de la Comtessa de Dia radica en que fue la trovadora más publicada, con cuatro piezas en doce manuscritos y, además, autora de la única melodía que se ha conservado de todas las composiciones conocidas escritas por trovadoras: *A Chantar m'er de so q'ieu non voldria* (He de cantar aquello que no querría). La hallamos en el manuscrito Français 844 fol 242r–v, también de la Biblioteca Nacional de Francia, sin indicar su autoría y masculinizada. Por ejemplo, la Comtessa de Dia escribió *amia* (amiga) en lugar de *amigs* (amigo) que es como aparece en este manuscrito.

En esta canción, un lamento de amor no correspondido, la Comtessa de Dia canta que se siente traicionada y dolida, pero el texto de la pieza no pretende dar una imagen de dolor o pena, sino de fortaleza y dignidad ante la traición. En la partitura siguiente se pueden observar las dos frases musicales de los dos primeros versos. La letra se ha adaptado a la más utilizada, tal como la escribiera la Comtessa de Dia, en femenino.

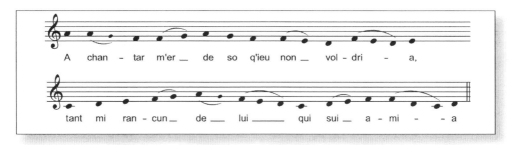

A chan - tar m'er _ de so q'ieu non _ vol - dri - a,

tant mi ran - cun _ de _ lui _____ qui sui a - mi - a

AUDICIÓN:
**COMTESSA DE DIA**
*A CHANTAR M'ER DE SO*

Otras trovadoras fueron Maria de Ventadorn, Garsenda de Forcalquier, que fue condesa de Provenza, Ghilhelma des Rosers, Clara d'Anduza o Tibor de Sarenom, por citar solamente a algunas. Hay que tener presente que de la mayoría de ellas se ha conservado una única pieza excepto, entre otras, de la Comtessa de Dia, de la que tenemos cuatro, una de ellas con música, y de Castelloza, de la que se han confirmado tres piezas y una que presenta dudas. Esto no significa que algunas de las piezas trovadorescas de origen anónimo no fueran escritas por alguna mujer. El tiempo y las investigaciones musicológicas y filológicas quizás podrán dar nueva luz sobre ello.

Leonor de Aquitania
fue una importante
mecenas de músicos.

## Leonor de Aquitania, un ejemplo de mecenazgo cultural

El mundo trovadoresco tuvo también mecenas importantes que admitieron a estos músicos en su corte. La más importante quizás fuera Leonor de Aquitania (1122–1204) que fue reina de Francia (esposa de Luis VII) y de Inglaterra (Enrique II), madre de Ricardo I, más conocido como Ricardo Corazón de León y de Juan I de Inglaterra, conocido como Juan Sin Tierra, personajes reales ambos presentes en varias versiones de la leyenda Robin Hood.

Pero, más que por sus hijos más mediáticos, o por las intrigas caballerescas que la rodearon, Leonor de Aquitania es importante por su labor como favorecedora de la cultura. Fue la mecenas más importante para los trovadores, e incluso se dice que ella misma escribió piezas, aunque no se le pueda atribuir ninguna.[4] También se cree que debido a su gusto por el mundo trovadoresco fomentó este arte en la corte francesa, dando origen a los trouvères o troveros, que componían en lengua d'Oil, en francés, mientras que en el sur se utilizaba la lengua de Oc, el occitano. También fomentó su gusto por la cultura a su familia, a su hija María, condesa de

---

4 Cohen, Aaron I. (1987). *International encyclopedia of Women Composers*. Nueva York: Books & Music,  p. 216.

Champaña y a Juana de Inglaterra, reina de Sicilia y condesa de Tolosa o su nieta, Blanca de Castilla, reina y regente de Francia. Todas ellas propiciaron un auge cultural muy importante en aquella época. Leonor de Aquitania, por ejemplo, fue patrona de Bernat de Ventadorn. A su vez, su hija María de Champaña hizo lo propio con Andreas Capellanus, que fue el autor del libro *De amore*, conocido como *El arte del amor cortés*, además de fomentar la creación artística de Chrétien de Troyes, el trovero más importante. Blanca de Castilla, reina y regente de Francia, era la inspiración de su primo hermano Thibaut de Navarra, conde de Champaña y conocido trovero. La tradición atribuye la composición de *Amours, ou trop tard me suis pris* a Blanca de Castilla, aunque su autoría no se pueda confirmar.

**AUDICIÓN:**
**Blanca de Castilla (atribuida)**
*Amours, ou trop tard me suis pris.*

De la misma manera que hubo trovadoras, existieron troveras como Gertrudis, duquesa de Lorena. También tenemos a Dame Maroie de Dregnau de Lille, de la que se conserva una canción en dos manuscritos, Dame Margot, que incluye una *tenso* o canción de debate entre ella y Dame Maroie de Dregneau y otra obra en la que ejerce de juez. Dame Margot estaba vinculada con la Puy de Arrás, una especie de sociedad poética medieval que fomentaba estos debates entre troveros/as. Otra miembro de esta sociedad fue Dame de Gosnay.

Textos sobre educación femenina medievales incluyen la práctica del canto y el tañer instrumentos, además de saber leer, escribir, danzar, cetrería o juegos de mesa como elementos necesarios para poseer una buena educación, además de poseer *buenas maneras* y capacidad para el gobierno del hogar. El *Ensenhamen de la donsela*, escrito por Garin lo Brun cerca del año 1150-1160, indica como habilidades para jóvenes doncellas el cantar y recitar poesía para distraer a los invitados además de tener a bien acoger a juglares y trovadores. *La clef d'amours*, de los albores de 1400, indica como aptitudes el tañer instrumentos de cuerda y el canto como aprendizajes adecuados para doncellas. Encontramos ejemplos fuera de Francia que recomiendan las capacidades musicales, ya sean el canto y tocar instrumentos, como mera distracción personal para las damas, pero siempre en la intimidad y no en público, como sucede en el *Reggimento e costumi di donna* (1318–1320) del italiano Francesco da Barberino.

En la Edad Media, como es lógico, no sólo interpretaban música las damas de alta y media nobleza, sino que en todos los hogares las mujeres cantaban canciones a sus hijos cuando jugaban con ellos, cuando lavaban ropa en los lavaderos o cuando trabajaban en casa, con los animales en el campo… también en entierros y festividades. Aparte de todas ellas, estaban las esclavas músicas, que tratamos en el capítulo dedicado a la educación musical y también estaban las juglaresas, mujeres libres que cantaban, tañían instrumentos, bailaban, recitaban, hacían malabares con o sin armas etc., que eran admiradas, pero mal consideradas socialmente. Esta dicotomía se basaba en la mala reputación de la vida ambulante que se asociaba a la prostitución y al desarraigo, puesto que no cumplían con el canon de familia establecida en un lugar fijo con la mujer dedicada a la maternidad y al cuidado de los hijos y del hogar, frente a la admiración que despertaban sus actuaciones en las plazas y palacios de toda la geografía.

**AUDICIÓN:**
**ANÓNIMO**
**JOAM RODRIGUIZ**
**FOI OSMAR A BALTEIRA**

Sirva de ejemplo el caso de María Pérez, una soldadera (juglaresa) gallega del siglo XIII conocida como María *la Balteira*. Según el documento que se conserva, provenía de una família adinerada y poseía casa y propiedades en Armea (La Coruña) y las cedió a la comunidad cisterciense de Sobrado a cambio de un censal o rentas, de protección y de ser enterrada en el monasterio.

Se conoce de ella que durante el reinado de Fernando II el Santo inició su carrera como soldadera, es decir una mujer que bailaba, cantaba y realizaba ejercicios varios para entretener a cortesanos, acompañaba a juglares y trovadores, así como a soldados. El nombre de soldadera vendría dado por el hecho de cobrar un sueldo, un salario por sus actuaciones. Alcanzó la fama en la corte de Alfonso X el Sabio entre 1257 y 1267.

María fue la protagonista o víctima de cantigas de escarnio, unas cantigas que satirizaban utilizando el doble sentido de las palabras y lo sobreentendido de situaciones para narrar sus amoríos. Es decir, no sus cualidades como cantante, bailarina o las que tuviera artísticamente hablando, sino aquellas que tendrían que ver con su reputación. De estas cantigas han llegado una quincena hasta nuestros días, de las cuales se conoce a once de sus autores, entre ellos, el rey Alfonso X el Sabio, Pero da Ponte o Pero García de Ambroa. Algunos de ellos escribieron que estaban completamente enamorados de María, como Pero Mafaldo que estuvo *mui coitado* por María *la Balteira*.

Hay diversas opiniones sobre María *la Balteira*, unos creen que pudo actuar como espía para Alfonso X el Sabio en sus contactos con los musulmanes de la Península, otros que fue cruzada y que viajó a Tierra Santa. De todo ello sólo tenemos los testimonios del documento firmado con el monasterio de Sobrado, donde fue enterrada y el contenido de las cantigas de escarnio.

## Grandes reinas y damas nobles del Renacimiento

En el Renacimiento todo continuó más o menos igual en el sentido que hemos tratado anteriormente, excepto el caso de las trovadoras y las troveras ya que la actividad relacionada con el amor cortés fue decayendo. En cambio, sí que encontramos damas nobles y reinas que crean textos poéticos y música. La educación femenina en las clases altas irá perfeccionándose e incrementándose, existiendo ahora sí y de una forma generalizada, la figura del tutor como personaje que aporta los conocimientos que dicha clase social demanda, tanto para los jóvenes como para las doncellas. Cuanto más alto sea el rango familiar, más alto será el rango del tutor encargado de la educación. Así, tenemos que María de Borgoña (1457–1482) estudió música con Antoine Busnois, uno de los máximos representantes de la escuela musical flamenca del Renacimiento. Isabel de Este (1474–1539), condesa de Mantua, el paradigma de una dama del Renacimiento, estudió con Johannes Martini y tocaba diferentes instrumentos de cuerda pulsada y de arco. Con su matrimonio con Francesco II Gonzaga de Mantua, llevó consigo el desarrollo cultural y el mecenazgo que propició el esplendor de dicha corte tanto en su época como en generaciones posteriores. Su mecenazgo y patrocinio se reflejó por ejemplo en sus retratos realizados por Leonardo da Vinci y Tiziano; además, apoyó a otros pintores como Raffaello Sanzio (Rafael) y Andrea Mantegna y también a compositores como Marchetto Cara o Bartolomeo Tromboncino. Y ayudó a Ludovico Ariosto en la creación de su obra más célebre: *Orlando Furioso* y conoció al escritor y pensador Baldasare di Casiglione. Años después, también en corte de Mantua, vivió la duquesa Isabella Gonzaga (1576–1630) que era admirada por su capacidad de improvisación al canto tanto en texto como en música.

Las diferentes cortes europeas estaban al corriente de las modas y competían por tener a los mejores artistas en ellas. La educación, en este caso musical, hemos visto que se veía favorecida por ello. Las cortes no sólo atraían a artistas sino también a estudiosos como astrónomos, filósofos, además de teóricos musicales.

La corte de Aragón en Nápoles acogió al teórico musical y compositor Johannes Tinctoris, que fue profesor de Beatriz de Aragón (1457–1508), futura reina consorte de Hungría, Bohemia y Croacia y, además, condesa de Austria. Tinctoris dedicó dos de sus composiciones a tres voces a Beatriz de Aragón: *Virgo Dei throno digna* y *O virgo miserere mei*, además de su tratado musical *Complexus effectuum musices* (1476). En otro de sus libros de teoría musical, en el tratado de composición *Liber arti contrapuncti*, escribe la pieza *Beatissima Beatrix*, sin duda inspirada en su alumna.

Beatriz de Aragón creció en el ambiente cortesano humanístico del Renacimiento italiano en la corte napolitana y se cree que, a raíz de su matrimonio con el rey Matias Corvino de Hungría el 22 de diciembre de 1476, impulsó el ambiente cultural y humanista del Renacimiento en aquel país, donde también fue muy importante y fomentó su expansión por Centroeuropa.

Las modas y los gustos también influían en los aprendizajes y en los cancioneros particulares como, por ejemplo, el cancionero de María de Austria (1505–1558), reina consorte de Hungría y regente de Flandes, el cual conte-

## LA BIBLIOTECA CORVINIANA

**El rey Matías es recordado como un rey humanista, erudito y un gran mecenas del Renacimiento. La biblioteca real de Matías, la Biblioteca Corviniana, fue una de las más importantes de su época en el momento del fallecimiento del monarca. Desafortunadamente, gran parte de dicha biblioteca fue destruida por la invasión otomana del siglo XVI.**

nía entre otras piezas, unas de Pierre de la Rue. Pero si hay un cancionero que muestra los gustos de la época, es decir, que seguía los preceptos de la moda musical del Renacimiento europeo es el cancionero de la madre de María de Austria, se trata pues del cancionero de Juana I de Castilla, Aragón y Navarra (1479-1555), conocida como Juana *la loca*. El rico códice está bellamente ilustrado con animales y flores y abundan las representaciones de la propia reina y su esposo, Felipe I de Castilla *el hermoso*, en diversas actitudes, entre ellas tocando instrumentos musicales. Este cancionero contiene piezas de los compositores flamencos más en boga en su época: Josquin des Prés, Johannes Ockeghem, Alexander Agricola o Pierre de la Rue.

La Contrarreforma generó también cantos devotos populares como los que escribió Margarita de Navarra utilizando el recurso del *contrafactum*, es decir, cambió el texto original de canciones populares por textos piadosos manteniendo la misma melodía que era conocida, y las agrupó en su libro devocional *Chansons Spirituelles* de 1547. Bien es cierto que actualmente este recurso continúa en boga puesto que, en ocasiones, se canta la oración del Padrenuestro con la melodía de la canción *El sonido del Silencio* de Simon & Garfunkel, en el caso de música religiosa, o con canciones de moda y textos humorísticos relacionados con la actualidad en diferentes programas de radio y televisión. El devocional de Margarita de Navarra se basa, pues, en este tipo de canciones con letra adaptada. Sirva de ejemplo el primer verso de *Le grand désir*:

AUDICIÓN:
JOHANNES TINCTORIS
*BEATISSIMA BEATRIX*

AUDICIÓN:
JOHANNES OCKEGHEM
*JE N'AY DUEIL QUE JE NE SUIS MORTE*

AUDICIÓN:
ANÓNIMO
*LE GRAND DÉSIR*

**Le grand désir d'aymer** (original)
Le grand désir d'aymer me tient
Quand de la belle me souvient
Et du joly temps qui verdoye.

**Contrafacta de Margarita de Navarra**
Le grand désir d'aymer me tient
Quand de mon Dieu il me souvient;
Assez aymer le porroy.

María Tudor con un laúd en sus manos.

## Las Tudor. Reinas y músicas

Relacionada con Juana I de Castilla tenemos a su sobrina María Tudor (1516–1558), hija del matrimonio entre el rey Enrique VIII de Inglaterra con Catalina de Aragón. María, conocida como María *la Sangrienta (Bloody Mary)* y que fue reina de Inglaterra e Irlanda, era intérprete de laúd, instrumento que utilizaba para acompañarse cantando. De hecho, el laúd era el instrumento más noble para una dama de su época. Su profesor de laúd fue Phillip van Wilder, laudista de la corte de los Tudor, muy apreciado por Enrique VIII, y que tocaba en sus estancias privadas.

La segunda esposa de Enrique VIII fue Ana Bolena (ca 1501[5]- 1536). Debido al romance entre ambos, popularmente se atribuye la composición de la famosa canción *Greensleeves* a Enrique VIII, que está dedicada a Ana. Lo que hay de cierto en toda esta historia está todavía por dilucidar. Se sabe que Enrique VIII era un amante de la música, capaz de cantar a lectura vista con su capilla de músicos y que además era un buen intérprete de laúd y de instrumentos de tecla como el virginal y el realejo, además de tocar la flauta de pico y la corneta. En su salterio está retratado tañendo un arpa de mesa. Todo ello no significa que, si bien tuviera la capacidad para hacerlo, Enrique VIII compusiera esta pieza y que se la dedicase a Ana

---

5. En esta edición seguimos las últimas tendencias de los historiadores en fechar el nacimiento de Ana Bolena en 1501 en lugar de 1507.

Bolena. Los primeros datos que se tienen de *Greensleeves* es que fue registrada por Richard Jones en la London Stationer's Company en septiembre de 1580 con el nombre *A new northern ditty of the Lady Greene Sleeves*. El mismo día también se inscribió *Ye Ladie Greene Sleeves answere to Donkyn hir frende*, de Edward White, y en menos de un año, cinco versiones más... ¿Estamos tratando, pues, de *fake news*? Lo cierto es que, de momento, no hay ninguna evidencia cierta de la autoría de Enrique VIII excepto la rumorología popular, que señala el título de dicha canción como pseudónimo de Ana en los mensajes del rey.

De Ana Bolena se sabe que era intérprete del laúd y cantante. Su cancionero es un bello manuscrito que recoge la música en el más puro estilo de su época, el contrapunto imitativo. Está escrito para coro mixto a cuatro voces. Es típico de esta época que algunas voces se pudieran cantar, interpretar con instrumentos, o ambas cosas, como una práctica muy común en el Renacimiento. Aunque su origen es francés, se conoce que perteneció a Ana Bolena por una inscripción escrita en el folio 79.[6] De hecho, su educación formal la recibió en el continente europeo.

A Ana Bolena se le atribuye la composición de cuatro piezas musicales: *Alas what a wretched life, O fairest maid, Sweet Amarillis stay* y *O Death, rock me asleep*. Al igual que sucede con la canción *Greensleeves*, debemos ser cautos con dicha atribución, al menos de *O Death, rock me asleep*. Esta pieza nos narra los últimos momentos de la propia Ana a la espera de su ejecución y cómo la muerte la librará del gran sufrimiento que padece. Según algunos autores, y así se refleja también en grabaciones, fue compuesta por ella misma en sus últimos días de reclusión en la Torre de Londres pero, por otro lado, se piensa que debido a su estilo musical, pudiera haber sido compuesta por Phillip van Wilder, que hemos visto que era muy apreciado por Enrique VIII como laudista, o por Alfonso Ferrabosco (padre), músico en la corte de la hija de Enrique VIII y Ana Bolena, Elisabeth I, aunque tampoco se sabe con certeza. El texto en verso de la canción también se atribuye al hermano de Ana, Jorge, Vizconde de Rochford, que fue ejecutado dos días antes que ella.

---

6. MS 1070 Royal College of Music, Londres.

AUDICIÓN:
ANÓNIMO.
*O DEATH, ROCK
ME ASLEEP*

Cabe tener presente que la figura de Ana Bolena fue venerada casi como una mártir de la religión anglicana a partir de 1558, con el ascenso al trono británico de su hija Elisabeth I y la reinstauración de dicha religión. Ello motivó que se ensalzara su figura como una heroína frente al catolicismo y sus abusos. La figura de Ana Bolena ha sido la protagonista de libros, novelas, obras de teatro, ópera, películas de cine y series de televisión que no siempre son acertadas biografías.

En fin, el resultado es que tenemos una pieza musical bellísima, *O Death, rock me asleep*, y que responde al estilo propio del lamento, donde el bajo continuo repite una base armónica una y otra vez, incrementando el sentimiento de dolor y sufrimiento del texto que se canta con una triste melodía.

Como puede observarse con el caso de Ana Bolena, hay ciertos aspectos que la tradición explica pero que no pueden confirmarse documentalmente. Lo mismo sucede con otros personajes históricos, por ejemplo, con su hija la reina Elisabeth I de Inglaterra. De ella se sabe que era una audaz intérprete de instrumentos de tecla como el virginal y también del laúd. Los embajadores de Venecia, Paolo Tiepolo, y de Francia, De Maisse, dijeron respectivamente de ella que hacía composiciones o arreglos para danzas que componía e interpretaba, además de bailarlas con coreografías propias. Actualmente se conservan varios documentos de este estilo sobre las aptitudes musicales de Isabel. John Melville narra que conoció a la reina cuando escuchó la música de un virginal que salía de una estancia y que sonaba excelentemente bien. Entonces él abrió la puerta y la vio de espaldas y que estaba, efectivamente, «playing excellently well». Corría el año 1564[7].

Por los libros de cuentas de la corte de la reina Elisabeth I se sabe que se compró un laúd con madreperla (nacarado) para su uso. Otra anotación curiosa es la que realizó John Tamworth, el secretario de

Virginal fabricado por C. Ruckers. (ca. 1600)
The Metropolitan Museum of Art de Nueva York.

7. Ravelhofer, Barbara (2004), p. 111.

Existe mucha iconografía medieval en la que pueden verse parejas danzando
al ritmo de instrumentos de la época.

Elisabeth I, en el libro de gastos, cuando inscribió la compra de un gran
sacabuche para el uso de la reina: «One greate sackbut provided for the
queen's use». El sacabuche, instrumento de viento parecido al trombón de
varas, no estaba considerado como un instrumento femenino, pero se ha
conservado una reproducción del siglo XIX de una tabla alemana de 1560
en la que aparece una dama del Renacimiento tocando este instrumento.
La anotación indica que era para el uso de la rei-
na, ¿pero lo interpretaba ella misma o uno de los
músicos de su capilla, una de las más destacadas
de su época? Esto está aún por descubrir.

Los escritos de cónsules y miembros de la
corte también nos informan que a la reina
Elisabeth le gustaba mucho la danza, especialmente la gallarda. La gallarda *Elisa is the fayrest
quene* de Edward Johnson y que fue interpretada en los entretenimientos de Elvethem Hall
en 1591 es un ejemplo de gallarda que gustó
mucho a la reina, que la hizo interpretar tres

AUDICIÓN:
EDWARD
JOHNSON.
*ELISA IS THE
FAYREST QUENE*

veces seguidas, lo que fue todo un honor para su creador. Elisabeth I, Elisa, fue la inspiración de diversas a piezas a ella dedicada, por compositores como William Byrd o John Bennet, entre otros.

Si Ana Bolena ha sido una figura muy popular o mediática, más lo ha sido su hija Elisabeth I. Retratos, cuadros en la que se la ve danzando, series, películas, etc. Sobre ella existe una innumerable documentación manuscrita u objetos personales falsos o no atribuibles que nos muestran la gran popularidad que alcanzó entre sus súbditos desde su época hasta la actualidad. Además, a veces estos objetos dan una imagen de la reina que no siempre es la más correcta.

Un ejemplo de ello lo tenemos en sus retratos. Desde 1563, los consejeros de la reina Elisabeth I de Inglaterra tomaron las medidas oportunas para prohibir los retratos reales no autorizados. En referencia a ello hay un cuadro en el que se representa a una pareja danzando y, según la rumorología popular, se trataría de la reina Elisabeth con Robert Dodley, Conde de Leicester, bailando en público una volta, una danza de moda en aquellos tiempos y que no era muy apropiada para una dama. No hay constancia ni certeza ninguna que la pareja de danzantes sea la reina y el conde. Más bien se piensa que se trata de dos bailarines desconocidos y que la pintura pudiera ser de fábrica franco-valona.

La volta era una danza de pareja de ritmo más bien ligero. Empezaba con una gallarda y, llegado a un punto, la pareja tomaba una posición mucho más próxima en la que, con varios pasos, el hombre pivotaba sobre una pierna mientras hacía girar a la dama en el aire como si volara, repitiendo estos movimientos tantas veces como desearan. Ante el hecho de girar en el aire, las damas debían adoptar varias posturas un poco incómodas, como poner la mano izquierda sobre la falda del vestido para evitar que esta se levantara demasiado y mostrar más de lo que permitía el decoro. Además, con los giros podían producirse situaciones un poco embarazosas, como la caída de la dama o de la misma pareja, motivo por el cual la volta cayó en desuso aproximadamente entre 1630-1650.

Respecto a esta danza y al cuadro, y con los datos que se conservan, sabemos que la reina era muy celosa con sus retratos y que, cada vez más, sus interpretaciones musicales o danzas en público fueron limitándose ante unos cuantos escogidos, por lo que poder estar presente era considerado todo un honor. Entonces ¿posaría la reina para ser retratada en un cuadro en la que la levantan en el aire, agarrada por la cintura, en una situación poco decorosa e inapropiada mientras un gran número de cortesanos y músicos están presentes? Como decía anteriormente, el origen del cuadro es franco-valón y no está documentado que sea un retrato de la reina de Inglaterra. Otra cosa es la ficción que podemos ver en algunas películas, en las que la reina baila la volta ante su corte levantando la admiración, estupor y deseo de los y las presentes.

## La corte de los Medici y Francesca Caccini

Cambiando de país, si hubo una familia poderosa en el Renacimiento italiano, ésta fue la familia Medici. En la corte de aquellos años se sabía de una de las familias musicales italianas más estimadas, tanto dentro como fuera de Florencia, y que la familia Medici atesoraba como un objeto muy preciado: los Caccini. Un ejemplo de esta muestra de pertenencia a los Medici de Florencia y de lo celosamente que éstos disponían de sus servidores, lo vivió Francesca Caccini (1587– ca. 1641) cuando su familia estuvo unos meses en la corte francesa en 1604. La reina de Francia, María de Medici, ofreció a Francesca quedarse en su corte, pero una carta de su padre, el también compositor Giulio Caccini, le informaba que el gran Duque de la Toscana Fernando I de Medici rechazaba darle autorización y le ofrecía un puesto asalariado en la corte más una dote de 1.000 escudos como compensación. En noviembre de 1607 Francesca Caccini entró a formar parte del servicio musical de la familia Medici por orden del Gran Duque Cosme II. Este mismo año Francesca se casó con el cantante de la corte Battista Signorini. No estaba bien visto que una mujer estuviera en la corte sin estar casada.

A partir de ese momento, con veinte años, Francesca Caccini ocupó uno de los cargos más importantes de la corte y cobró uno de los sueldos más altos llegando a ser el músico de mayor rango en la década de 1620, ¡algo impensable para una mujer de la época! Estaba al servicio del Gran Duque Fernando II, con la Archiduquesa María Magdalena de Austria como regente y bajo el auspicio de la Gran Duquesa Cristina de Lorena en el momento del fallecimiento de Cosme II.

La familia Medici fomentó la creación y participación de entretenimientos, que eran representaciones musicales de Francesca Caccini. Entre otras, tenía como obligaciones ser la maestra de la capilla musical de los Medici, y por tanto la composición de bailes, obras para festividades y diversos conciertos vocales y *canzonette* que habían de ser llevados a cabo en la corte medicea. Francesca Caccini, conocida como *Cecchina* era admirada como cantante, como instrumentista de cuerda y tecla, y como compositora para la corte en numerosas ocasiones, ya fueran eventos seglares como seculares.

Aunque Francesca y su marido pudieron salir de la ciudad para realizar conciertos, ambos tenían muy presente a quien se debían. Celosos de la creatividad de Francesca y como sirvienta que era de la corte, la familia Medici permitía o no algunos de sus conciertos en otras cortes italianas. Dicha familia tampoco ayudó mucho a que pudiera imprimir su música, excepto en *Il primo libro delle musiche a una e due voci* patrocinado por el cardenal Carlo de Medici el 1618 y la publicación patrocinada por la Gran Duquesa Cristina de Lorena el 1625 de *La liberazione di Ruggiero dall'isola d'Alcina*, la primera ópera compuesta por una mujer, y que fue creada para una de las celebraciones que tuvieron lugar en febrero de 1625 en Poggio Imperiale, una villa de la familia Medici fuera de las murallas de Florencia, en ocasión de la visita del príncipe Ladislao Segismundo de Polonia, futuro rey de dicho país, también de Suecia y zar de Rusia, a la ciudad. Trataremos este punto más extensamente, además de otras óperas y obras de teatro con

AUDICIÓN:
FRANCESCA
CACCINI
*IL PRIMO LIBRO
DELLE MUSICHE:
LASCIATEMI QUI
SOLO*

música compuestas por Francesca Caccini en el capítulo *¿Compositoras de ópera?*

Francesca enviudó en 1626 y volvió a casarse en 1628 con Tomasso Raffaelli y entró al servicio del diplomático y banquero Vincento Buonvisi, por lo que se trasladó a Lucca. En 1634 volvió a enviudar y regresó a la corte florentina, de nuevo bajo el auspicio de la Gran Duquesa Cristina de Lorena, al menos hasta 1637.

El hecho de no poder publicar su obra ha motivado que gran parte de su música se haya perdido y se tiene constancia de ella en documentación que la cita o en manuscritos que han sobrevivido a las vicisitudes de los siglos.

La obra de Francesca Caccini es muy importante ya que se integra en el naciente estilo de la *Seconda Prattica*, que era una manera de componer diferente a la del Renacimiento con, por ejemplo, usos de la disonancia directa y sin preparar para resaltar sentimientos como el dolor, el sufrimiento o bien de elementos como el corazón dolido o la sangre, ampliando las posibilidades de la armonía y del contrapunto que contaban con unas normas más restrictivas y estrictas. Otros elementos característicos eran la manera de cantar o interpretar con instrumentos, empleando ornamentaciones muy rápidas, conocidas como disminuciones, también la *mesa di voce* es, decir, el ir incrementando la intensidad en una nota larga, o la *ribatutta di gorgia*, que sería hacer un trino batiendo la nota desde la laringe. El hecho de otorgar importancia al sentido del texto al cantar quizás sea el elemento más característico y para ello se empleaba toda esta técnica, que se conocía también como *recitar cantando*.

A finales del siglo XVI y principios del XVII empezaron a crearse piezas en este estilo ya en la corte del Duque de Ferrara con las composiciones de Luzzaschi, entre otros, para el *Concerto delle donne*. Tratamos más sobre ellas en el capítulo *¡Mujeres en la orquesta!* También el padre de Francesca, Giulio Caccini escribió un libro de piezas para canto en este estilo con el sugerente título *Le nuove musiche*, que se publicó en Florencia en 1602. Junto a ellos, Claudio Monteverdi abrazó este nuevo estilo musical y lo defendió en el prólogo de su quinto libro de madrigales, frente a las acusaciones de Giovanni Maria Artusi que abogaba a favor del estilo compositivo anterior, el contrapunto imitativo del Renacimiento, con Gioseffo Zarlino como teórico o al flamenco Adrian Willaert como compositor. Esta nueva música acabó imponiéndose y fue el origen de la música del Barroco.

## María Antonieta y las reinas del Antiguo Régimen

Muchas damas de la alta nobleza o de la realeza tenían un conocimiento musical importantísimo, con un alto nivel interpretativo en varios instrumentos y en canto, así como una exquisita formación teórica según su estatus social. Aun así, las normas sociales no permitían que pudieran dedicarse a la música, ni tan siquiera llegar a tocar delante de público. La música era considerada para ellas como un ornamento o una capacidad más en su instrucción para prepararlas como perfectas gobernantas de sus casas y de la educación de sus hijos, así como del gobierno político si fuera necesario. Tanto ellos como ellas se consideraban diletantes, es decir, que la

María Antonieta (1755–1793), casada con el Delfín de Francia, el futuro Luis XVI.

música era un pasatiempo y para nada algo serio. Sus creaciones eran para compartir de puertas adentro, en sus estancias con sus damas de compañía y con sus hijos. Muchas de ellas eran expertas intérpretes del clavicémbalo, la espineta y otros instrumentos de tecla además del canto.

Se da el caso que, cuando una reina tenía predilección por un instrumento, sus damas se apresuraban en aprender a tocarlo en caso que no conocieran su técnica. Un ejemplo lo encontramos en las clases de arpa, que incrementaron en número de aprendices en la corte francesa con la llegada de María Antonieta (1755–1793) a raíz de su matrimonio con el Delfín de Francia, el futuro Luis XVI. Ella misma era una intérprete muy diestra en este instrumento, incluso se retrató con su arpa. Estudió música con Christoph Willibald Gluck en Viena y tuvo dos arpas del luthier Jean Henry Naderman, el fabricante de este instrumento más importante del siglo XVIII. Se sabe que compuso diversas piezas de salón, una de ellas es una pieza para voz y arpa *C'est mon ami* (ca. 1773), con texto de Jean-Pierre Clari.[8]

AUDICIÓN:
MARIA ANTONIETA
*C'EST MON AMI*

María Antonieta, al igual que muchas damas de la alta nobleza, patrocinó músicos, compositores y conciertos.

Algunas de las damas de la alta nobleza consiguieron tener unas bibliotecas musicales muy importantes en su época y que todavía lo son hoy en día. Un caso sería el de Ana Amalia de Prusia (1723–1787), hermana pequeña de Federico el Grande de Prusia. Era clavecinista, violinista, organista, pianista, violonchelista, flautista, compositora y una gran mecenas. Estudió con los mejores profesores junto a su hermano y, a los treinta y cinco años, empezó a estudiar contrapunto con el compositor Johan Phillipp Kimberger, quien a su vez fue alumno de Johann Sebastian Bach. En 1774 fue nombrada abadesa de Quedlimburgo por su hermano Federico, aunque pasó toda su vida en sus

Arpa del Luthier Jean Henry Naderman (ca. 1780) Metropolitan Museum of Art de Nueva York.

8. La melodía de esta pieza también se atribuye al príncipe ruso Félix Yusúpof, aunque se acostumbra a atribuirla a María Antonieta.

estancias de Berlín. Entre sus composiciones se conoce una cantata religiosa *(De Tod Jesu)* y diversos corales, varios lieder, sonatas para diferentes instrumentos, entre ellas una bellísima para oboe y órgano, y cuatro marchas militares para sendos regimientos.

Aparte de la intensidad de su vida, bajo el mandato de su padre y posteriormente de su hermano, Ana Amalia de Prusia era una apasionada de la música, especialmente de J.S. Bach, de quien compró todos los manuscritos que pudo, además de la música de compositores como Leonardo Leo, Georg Friedrich Haendel, Giovanni Pierluigi da Palestrina o de su propio profesor Phillipp Kimberger, entre muchos otros. Su importante biblioteca musical privada es hoy gran parte del fondo musical de la Deutsche Staatsbibliothek de Berlín, la Biblioteca Nacional de Alemania y una de las más importantes del mundo.

Otra dama de la alta nobleza con un conocimiento humanístico muy amplio es María Antonia Walpurgis, Princesa de Baviera y duquesa de Sajonia (1724–1780). Estudió música con Giovanni Ferrandini, Giovanni Porta, Niccola Porpora y Adolph Hasse. Destacó como poetisa y escritora y fue miembro de la Academia Romana de los Árcades bajo el seudónimo E.P.T.A. (Ermelinta Pastorella Talea Arcadia). Como autora de textos, escribió todos los libretos de las obras líricas de Fernandini, además de los de todas sus cantatas. Fue la libretista de la cantata sacra de Hasse *La conversione de Sant'Agostino* de este compositor. Ella misma es la autora de dos óperas: *Il trionfo della fedeltà y de Talestri, regina delle amazoni*. Ambas óperas fueron publicadas por Breitkopf, representadas en varias ciudades europeas y traducidas a varios idiomas. Trataremos sus óperas y el hecho que llevara la representación de *Orfeo y Eurídice* de C. W. Gluck a Munich en el capítulo *¿Compositoras de ópera?*

María Antonia Walpurgis tuvo una exquisita educación como correspondería a una joven de su rango. Sus progenitores, el príncipe elector Carlos Alberto de Baviera y María Amelia de Austria, le procuraron una educación completa y global. Además de mecenas de músicos lo fue de escritores y pintores y fue muy activa culturalmente. Patrocinó conciertos, obras culturales y publicaciones. Era muy habitual en las publicaciones de la época que el autor dedicara su obra a su protector/ patrocinador, o protectora/patrocinadora en este caso, y escribiera una dedicatoria llena de pomposas alabanzas. El padre Antonio Eiximeno le dedicó su obra *Dell' origine e delle regole della musica, colla storia del suo progresso, decadenza, e rinnovazione*, publicada en 1774 y en su dedicatoria, además de seguir con la tradición y estilo de su época, se refirió a su educación con estas palabras:

> «Alimentada con la educación digna de la Corona Imperial, en la que nacisteis, vos sola desmentís la vulgar acusación contra vuestro sexo: vuestras singulares dotes nos demuestran que la debilidad de espíritu de que comúnmente os inculpan, no es un efecto físico, sino sólo la consecuencia moral de la educación.
>
> Aristóteles que, en sus escritos más que en sus costumbres, era un jurado enemigo de las mujeres, ciertamente se hubiera avergonzado de filosofar así si os hubiera conocido.
>
> Vuestros Padres Soberanos, exentos del vulgar prejuicio sobre la educación de las mujeres, os dieron todo el campo de cultivo para el espíritu con el estudio de sus ciencias y de las artes del gusto, y vos, sin faltaros ningún punto para ser una sabia Soberana, estabais perfectamente preparada para poseerlas…».

Este texto es toda una declaración de principios en una sociedad que otorgaba una instrucción más pobre a las mujeres, como se muestra en el capítulo *Educación musical: diferencias curriculares por género*. En el interior de este tratado musical encontramos un retrato de María Antonia Walpurgis rodeada de instrumentos musicales y partituras, sujetando un libro y con una paleta de pintor detrás suyo. Toda una declaración de intenciones.

Reinas, princesas y damas de la alta nobleza y burguesía sufrían el corsé que imponía la sociedad, que impidió que pudieran interpretar su arte en público o, como máximo, en su juventud y de forma casi imposible en su vida adulta. Aun así, y gracias a ellas, ya desde entonces hasta la actualidad, damas de la realeza y de la alta nobleza, así como de la alta burguesía han promovido y participado en patronatos y fundaciones como mecenas de la música y de su aprendizaje. Su apoyo a centros educativos ha sido primordial en muchos aspectos, pero, especialmente, en permitir estudios a quien tenía capacidades y no medios para poder realizarlos. A su vez, su labor

Eximeno, Antonio. *Dell'origine e delle regole della musica co-
lla storia del suo progresso, decadenza, e rinnovazione.* [Roma:
Stamperia di M. A. Barbiellini, 1774] Library of Congress,
Washington.

filantrópica ha motivado una enorme cantidad de conciertos con artistas
de primer orden y, muchas de ellas, fomentado la participación femenina
en ellos de una manera u otra: ya sea como intérpretes, ya como compositoras, directoras o docentes.

# Los conventos
# y monasterios femeninos.
# Voces y música para el alma

Antes de empezar con este capítulo es preciso señalar que no hay intención de crear un debate sobre el papel de la mujer en la religión cristiana, puesto que no es el fin de este libro ni desea serlo. Para ello existen numerosos estudios y publicaciones específicos: quien desee, puede dirigirse a ellos. En las páginas que siguen se tratan hechos y sus consecuencias que afectaron a las mujeres y, específicamente, al mundo de las religiosas. De éstas nos centraremos en las monjas cristianas y su entorno musical. Por ello, las mujeres laicas que tocaban en orquestas, fuera de centros religiosos, sino en teatros u otros escenarios, se tratarán en su capítulo correspondiente.

Ya hemos hablado de la importancia del rol de la mujer sacerdotisa en los cultos mesopotámicos y también de las cantoras de Amón en el Antiguo Egipto. Asimismo, los cultos en la Grecia y Roma Clásica contaron con oficiantes femeninas que cantaban y tañían instrumentos como el sistro, que provenía de Egipto, y el pandero o tambor de marco especialmente en cantos procesionales.

Se conocen testimonios de la participación de las mujeres en celebraciones judías como la que nos narra Filón de Alejandría (15 a.C.- 45 d.C.) en su *De vita contemplativa* cuando expone los rituales que realizan los Terapeutas, un grupo de ascetas que se consagraban a la vida contemplativa y a los estudios de los textos sagrados durante seis días a la semana. El séptimo, se dedicaban a la congregación y estudiaban la interpretación de un pasaje de la Biblia. Viene a colación citar que cada siete semanas tenía lugar una celebración especial en la que:

> «Después de la comida, llevan a cabo el servicio nocturno. Surgiendo al unísono, dos coros se forman en el centro del salón de banquetes, uno de hombres, el otro de mujeres. El más prudente y discreto se elige como director y el cantor de cada coro. Luego cantan himnos a Dios compuestos en diversos metros y de una gran variedad de melodías, algunas veces al unísono, a veces alternativamente. Al mismo tiempo se mueven sus manos rítmicamente y bailan e invocan a Dios en las canciones que ellos le cantan: canciones de peregrinaciones festivas, luego canciones para los coros, alternando por coros según estrofas y antistrofas.»[9]

Vemos que en este grupo de ascetas hebreos que habitaban en las inmediaciones del lago Mariout, cerca de Alejandría, participaban tanto hombres como mujeres que vivían en una comunidad dedicada al estudio y a las prácticas para guarecer las enfermedades del alma. Su participación en los rituales tenía lugar mediante coros segregados, uno masculino y otro femenino y con un solista/director para cada uno. El tipo de canto alternando los dos coros es lo que se conoce como canto antifonal, y será muy aplicado en el canto de la misa y de los oficios cristianos, como por ejemplo las Vísperas.

## Los primeros testimonios de la mujer en la música del cristianismo

Existen varios escritos sobre el rol de la mujer en la iglesia cristiana y, por lo que en este libro afecta, su participación musical. Uno de los primeros testimonios lo tenemos en el apóstol san Pablo que, en su epístola a los cristianos de Corintio, comunidad fundada por él mismo, escribió lo siguiente:

> «Como en todas las iglesias de los santos, las mujeres cállense en las asambleas, porque no les toca a ellas hablar, sino vivir sujetas, como dice la Ley. Si quieren aprender algo, que en casa pregunten a sus maridos, porque no es decoroso para la mujer hablar en la iglesia.» (Corintios 14: 34 – 35)[10]

---

9. *Quasten* (1941), p. 151. Traducción del autor.
10. Biblia (BAC, 1967), p. 1373.

Se ha escrito mucho sobre el significado de estas palabras de san Pablo, uno de los pilares del cristianismo, relacionándolas con el rol de la mujer en la Iglesia cristiana. A ellas hay que añadir las que escribió a su discípulo Timoteo. En la primera epístola de san Pablo a Timoteo, el apóstol le aconseja cómo debe actuar frente a diferentes conductas y comportamientos de la sociedad y de aquellos que quieren ser obispos, diáconos o presbíteros y también hace referencia a cómo tratar a ancianos y viudas. San Pablo en 1 Tim 2: 11-15 dice que:

Medallón bizantino con una imagen de san Pablo. Ca. 1100. Metropolitan Museum of Art, Nueva York.

> «La mujer aprenda en silencio, con plena sumisión. No consiento que la mujer enseñe ni domine al marido, sino que se mantenga en silencio, pues primero fue formado Adán, después Eva. Y no fue Adán el seducido, sino Eva, que, seducida, incurrió en la transgresión. Se salvará por la crianza de los hijos si permaneciere en la fe, en la caridad y en la castidad, acompañada de modestia.»[11]

San Ambrosio de Milán, otro de los principales Padres de la Iglesia, no estaba del todo de acuerdo con las palabras escritas por san Pablo que hemos visto anteriormente, puesto que todos los fieles cuando están en la iglesia son una unidad y no hay distinciones entre sexos, edades ni estamentos sociales, especialmente en el canto de los salmos. Por ello, en los comentarios al salmo I, san Ambrosio escribió que:

> «El Apóstol ordena que las mujeres deben permanecer en silencio en la iglesia. ¿Cómo? siempre pueden cantar los Salmos. Cada edad y sexo es capaz y adecuado para el canto de los salmos. En este canto, los viejos ponen a un lado el rigor dominante de la vejez; los de mediana edad responden en la alegría de su corazón; los jóvenes los cantan sin peligro para su virilidad aún inestable; los chicos los cantan juntos sin miedo a la lujuria o la tentación al placer. Las doncellas tiernas no sufren daños a su modestia; vírgenes y viudas dejan sonar sus ricas voces fuera sin poner en peligro su castidad»[12].

11. Biblia (1969), p. 1417.
12. *Quasten* (1941), p. 153.

Como podemos observar, las mujeres que cantan los salmos en la iglesia están libres de toda mácula puesto que el canto conjunto no provoca situaciones que afecten a su reputación sino una comunión con la comunidad. Más adelante explica su pensamiento comparando a cada uno de los fieles que asiste a la iglesia con una cuerda de cítara que, pulsándolas a la vez, suenan todas en armonía.

Siguiendo la idea de unidad de la comunidad, Juan Crisóstomo, también uno de los padres de la iglesia, en su homilía 36 en la primera epístola a los Corintios, lamenta que ya no se canten los salmos en comunidad, lo que para él era un preciado tesoro argumentando que «en tiempos pasados todos se unieron para cantar los salmos en común. Ya no lo hacemos. Antes todos eran un solo corazón y un alma»[13], apelando a la participación de toda la comunidad en las celebraciones religiosas, al menos en lo que a los cantos de los salmos se refiere.

Efrén de Nísibe (306–373) creó coros femeninos para cantar himnos en la iglesia. Puesto que las mujeres cantoras en las celebraciones de religiones consideradas heréticas eran muy apreciadas, quiso combatirlas creándoles una competencia directa: fundó coros femeninos formados por jóvenes vírgenes a los que él mismo enseñaba los himnos cristianos que interpretaban para su comunidad en Edesa, acompañándolas tañendo la cítara. Efrén de Nísibe también les enseñó música teórica. Estos coros femeninos cantaban los días principales y los domingos dirigidas y acompañadas por Efrén.[14]

## LAS DIACONISAS

Otras figuras femeninas que cantaban en las iglesias eran las diaconisas. En cuanto a ellas y a la defensa de su permanencia en la Iglesia, san Maruta de Mayferkqat († ca. 420), que fue monje y obispo en Persia, anotó en el canon 41 de las actas del sínodo de Nicea: «Es la voluntad del sínodo general que las iglesias de la ciudad no se queden sin esta clase de hermanas. Deben tener un maestro ávido y que les enseñe en la lectura de las Escrituras, y especialmente en la salmodia...»[15] es decir, en el canto de los salmos. Estamos frente a una figura femenina que participa en la lectura de las Sagradas Escrituras, así como en el canto de los salmos, dos de los momentos principales, aparte de la consagración, de la misa y de los oficios.

13. *Quasten* (1941), p. 152.
14. *Quasten* (1941), pp. 153 – 154.
15. Braun (1898), p. 87.

En cuanto a textos de peregrinos que nos narren sus vivencias, uno de los más importantes testimonios de las prácticas en el culto cristiano es el *Itinerarium ad Loca Santa*, en el cual la peregrina Egeria nos describe de una forma minuciosa y profusamente detallada los diferentes actos religiosos a los que asistió en su peregrinación a Jerusalén. Egeria no solamente narra los acontecidos en dicha ciudad, sino por aquellos parajes por los que viajó como Palestina, Egipto, Siria, Mesopotamia o Constantinopla visitando todos los lugares citados en la Biblia o en las diversas Actas de los Mártires y que estaban cerca de su camino.

Se cree que Egeria sería una religiosa de la zona de la Gallaecia, una de las diócesis hispanas de la Antigua Roma. No se sabe el cargo que ocuparía dentro de su convento, pero sí se puede afirmar que en su *Itinerarium* se dirige a una comunidad femenina a la que narra sus experiencias del largo viaje que emprendió entre los años 381 y 384.

Sabemos por Egeria de la existencia de varias comunidades religiosas femeninas, cuando en el capítulo XXIII, por ejemplo, tras dejar la ciudad de Pompeyopolis (actualmente en Turquía) pasó por Seleucia Isauria, lugar del sepulcro de santa Tecla, el cual estaba ubicado a unos mil quinientos pasos extramuros de la urbe. Egeria se dirigió a visitar el sepulcro de dicha santa y en aquel sitio halló varios monasterios tanto masculinos como femeninos. En uno de ellos se encontró con Marthana, una diaconisa que había conocido previamente en Jerusalén. Marthana tenía bajo su gobierno a monasterios de *aputactitas*, que era el nombre que recibían las mujeres (en el caso de los monasterios de Marthana) y los hombres que, siendo vírgenes, dedicaban su vida a la religión. En otros capítulos de su *Itinerarium*, Egeria menciona a las Parthene, que podrían asimilarse a las monjas de una comunidad religiosa contemporánea.

Aparte de este encuentro entre Egeria y Marthana, que nos aporta información sobre ésta al frente de comunidades religiosas con el cargo de diaconisa y de la existencia de monasterios femeninos, Egeria no expone ninguna referencia a las prácticas musicales que allí se pudieran desarrollar. Sabemos de la participación de mujeres laicas y religiosas en los diferentes oficios celebrados en Tierra Santa en las fechas destacadas de la religión cristiana, así como en las celebraciones de diario. En su escrito, Egeria nos narra cómo estas mujeres formaban parte de la comunidad de los fieles que participaban en las diferentes celebraciones y oficios, ya fuera entonando oraciones, cantos, himnos y antífonas con el resto de la comunidad cristiana asistente.

No encontramos a mujeres oficiantes ni dirigiendo cantos o cantantes solistas. Tampoco como instrumentistas de ningún tipo. Sí que explica cómo mujeres y hombres traducen del griego al latín las diferentes lecturas que se llevan a cabo en las catequesis, para que, quien hable latín y no entienda el griego, pueda conocer lo que se lee y participar en los actos de la comunidad. Sucede lo mismo con la traducción al siríaco, puesto que había una gran cantidad de peregrinos de toda la cuenca mediterránea.

Desdichadamente, el manuscrito de Egeria se interrumpe y ha llegado incompleto hasta nuestros días, por lo que no podemos saber más sobre la participación de las mujeres en las ceremonias religiosas a las que asistió en su largo peregrinaje.

A medida que se fue creando un repertorio fijo de cantos, himnos y antífonas, los cánticos realizados por fieles laicos se fueron sustituyendo por los de coros formados por hombres y niños, especialmente en aquellas parroquias más importantes, por lo que la voz de la mujer en la iglesia dejó de oírse a medida que se imponían dichos coros.

Se conservan testimonios sobre la prohibición de ordenación de diaconisas en la iglesia occidental, como por ejemplo el concilio de Orange, del año 441, en cuyo canon 25 dicta que «no se ordenarán diaconisas de ningún tipo. Si ahora existe alguna, inclinará su cabeza para la misma bendición que se otorga al pueblo»[16], es decir, que se las despoja de su rango eclesiástico para continuar como una fiel más. Aun así, es conocido que las tradiciones y las costumbres son difíciles de cambiar, aunque lo dicte una ley, en este caso eclesiástica. Se da el caso que casi cien años después, en otro concilio llevado a cabo en la misma ciudad de Orange el año 533, se regulaba aun la ordenación de diaconisas en su canon 17 promulgando que:

> «Las mujeres que han recibido la bendición diaconal todavía ahora, a pesar de las prohibiciones de los cánones, serán excomulgadas si se demuestra que han vuelto a casarse. Pero si advertidas por su obispo y reconociendo su error disuelven este matrimonio y hacen penitencia, volverán a la gracia de la comunión.»[17]

En este canon vemos la existencia a pesar de los años de la prohibición de la figura de la diaconisa además de su condición de viuda. Aun así, en el canon siguiente, el número 18, se dicta que no se ordenen más diaconisas: «Es favorable que a partir de ahora no se otorgue la bendición diaconal a ninguna mujer a causa de la fragilidad de su condición», es decir, por ser

---

16. Amt (1993), p. 220.
17. *Íbidem*.

mujer. Otros concilios regulan también el rol de las diaconisas y hacen referencia a su condición de viudas, como el canon 21 del sínodo de Epaone (Francia) del año 517. Vemos que, debido a cánones dictados en diferentes sínodos y concilios como los que muestran los ejemplos citados, el rol de la mujer cantora en la figura de diaconisa fue eliminándose en el transcurso de los siglos.

## El fin del pandero como instrumento ritual

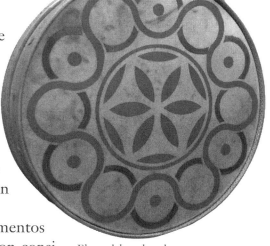

En el *Itinerarium* que escribió Egeria entre los años 381 y 384, hemos visto el papel desarrollado por las diferentes comunidades, laicas o religiosas, en las celebraciones litúrgicas de unas fechas del calendario cristiano. Las mujeres cantan y participan en los actos como congregación de fieles, pero el papel de oficiantes que podrían tener en otras religiones, en este caso, disminuye considerablemente.

Lo mismo sucede con el uso de instrumentos musicales y de ciertas prácticas que fueron consideradas paganas o heréticas. Un claro ejemplo lo encontramos en el uso del tambor de marco como

El uso del tambor de marco como instrumento ritual se tomó como una práctica pagana.

instrumento ritual, el cual se tomó como una práctica pagana y que se eliminó del culto cristiano. A partir de entonces, el tambor de marco, el que fuera considerado un instrumento de sacerdotisas y profetisas e incluso de divinidades durante siglos, fue relegado de su posición de instrumento ritual y pasó a ser un instrumento pagano tocado por mujeres que eran mal consideradas por su sociedad. Un ejemplo de ello lo encontramos en las juglaresas medievales, que a menudo se las representaba en pinturas tocando este instrumento, por ejemplo.

Una de las primeras referencias a la regulación del tambor de marco se inscribe en las actas del sínodo de Ezequiel, Patriarca nestoriano de la Iglesia de Oriente del año 570 hasta el 581. En las actas de dicho sínodo, el cual tuvo lugar en el año 576, vemos que en el canon cuarto se indican prácticas que se consideraban paganas y que convivían con el cristianismo. Para mostrar una de estas prácticas, en dicho canon se expone lo que se sucedía en los rituales funerarios con las expresiones dolorosas realizadas por mujeres. Se cita explícitamente como ejemplo a:

«Las mujeres que se cortan el pelo, rasgan sus ropas, que emplean lamentos y gemidos, el sonido de los panderos, la música e instrumentos de percusión de madera,[18] que se hunden en un gran dolor y realizan acciones alejadas del espíritu del cristianismo. Ante este hecho, el sínodo les recomienda que el día de su aflicción permanezcan en el silencio y la calma de las iglesias, de los monasterios o de sus casas, según sea la costumbre de cada lugar, para que sus acciones parezcan a los ojos de todos como conviene a los que poseen la esperanza de la resurrección y busquen el consuelo en aquello que les digan los doctores [de la Iglesia], los sacerdotes y los fieles verdaderos».[19]

Vemos, pues, que expresiones y demostraciones públicas del dolor frente al fallecimiento de un ser querido iban acompañadas por el tañido de instrumentos de percusión como el pandero, el cual se consideraba perteneciente a rituales paganos y no recomendable por ello en los cristianos. El canon expone que se busque consuelo en los textos religiosos recomedados por los doctores de la Iglesia, al igual que el hablar con sacerdotes o fieles que las puedan confortar frente a estas situaciones de pérdida y dolor. Dicha indicación que hace este canon es significativa en cuanto que puede remitir a las palabras del apóstol san Pablo citadas anteriormente. En nuestro caso, el patriarca Ezequiel, al igual que hizo san Pablo, recomienda el silencio a las mujeres además de la introspección y el abandono de prácticas expresivas de dolor que podrían considerarse profanas amén de su acompañamiento instrumental.

Lejos quedan pues las muestras por motivo de alabanza, alegría y regocijo, de Miriam, la hermana de Moisés y Aarón que es considerada como profetisa en la Biblia y que toca el pandero (Éxodo 15: 20-21) con el resto de mujeres israelitas cuando las aguas del mar Rojo arrasan las huestes del faraón tras el paso del pueblo de Israel. Este testimonio del uso de este instrumento en las antiguas comunidades hebreas ya no lo encontraremos en las cristianas.

Aun así, el uso del pandero como instrumento femenino se ha mantenido a lo largo de los siglos como muestran algunas fuentes documentales, como el diccionario que escribió Sebastián de Covarrubias y que publicó

---

18. J . B. Chabot (1902), p. 376, indica que podría tratarse de una especie de castañuelas o tejoletas.
19. *Íbidem.*

en 1611. En él podemos leer, en la página 576 la voz *pandero*, donde nos indica:

> «Pandero: instrumento muy usado de las moças los días festivos, porque le tañen una cantando y las demás bailan al son es para ellas de tanto gusto, que dize el cantarcillo viejo: *Más quiero panderico, que no saya*. Al principio devió de ser redondo; después los hizieron quadrados y guarnécense con sendas pieles adelgaçadas en forma de pergaminos; dentro tienen muchas cuerdas, y en ellos cascavelillos y campanillas que hazen resonar el instrumento, como si fuesen muchos.»[20]

Un instrumento similar al indicado por Covarrubias lo escuchamos en numerosas fiestas populares. Un ejemplo de ello relacionado indirectamente con la iglesia católica en uso hasta tiempos recientes lo encontramos en las *Majorales del Roser*, en Cataluña, donde eran mujeres pertenecientes a las cofradías de la Mare de Déu del Roser las que realizaban colectas para, por ejemplo, guarnecer el altar de la iglesia a finales del siglo XIX y principios del XX. Para conseguir el dinero del público, habitualmente las más jóvenes cantaban mientras otra más mayor las acompañaba con un pandero ricamente decorado con imágenes de la Virgen o de alguno de los santos y vírgenes patronos de la localidad, pero los había también con ornamentos florales y ataviados con cintas de seda. Algunos de ellos llevaban cascabeles, semillas o piedrecillas en su interior y que enriquecían su sonido al golpear con el bastidor de madera.

AUDICIÓN: *CANÇONS DE PANDERO: FRAGMENTOS DE CANCIONES DE PANDERO TRADICIONALES CON MOTIVO DE COLECTA PARA LA VIRGEN.*

Estas agrupaciones musicales generalmente cantaban el día de Corpus, pero también en la sobremesa de festividades importantes, como la celebración de una primera misa por parte de un sacerdote, un bautizo o un matrimonio, por ejemplo. También cantaban en otras ocasiones donde pudieran hacer colecta como podría ser una romería a una ermita o una fiesta popular. Como vemos, era empleado por las

---

20. Covarrubias (1611), p. 576.

componentes de una cofradía vinculada a la iglesia cristiana y con fines de recolecta para la iglesia, pero era interpretado fuera de ella y no en un rito. No obstante, el pandero o tambor de marco no era considerado un instrumento ritual como en épocas antiguas, para acompañar los oficios religiosos, sino meramente rítmico. Su uso radica más en la tradición popular que los uniría a las *pandereiras* y pandereteras del norte de la Península Ibérica que lo empleaban como elemento rítmico de acompañamiento del canto, más que al uso de instrumento usado en el culto religioso en épocas antiguas, donde se empleaba en las procesiones como instrumento ritual, por ejemplo. El manejo del pandero, ligado a la música popular y tradicional, ha estado en uso desde tiempos inmemoriales.

En los últimos años, gracias al interés por recuperar la música tradicional, se han rescatado canciones de pandero que las cantantes e instrumentistas transmitían de generación en generación, tanto las vinculadas de alguna manera con la religión, como las de las *Majorales del Roser*, o las más vinculadas a la música tradicional y popular como sucede en Asturias, Cantabria, Galicia, León o Portugal, por citar algunos ejemplos.

Retomando el sínodo de Ezequiel del año 576, aparte del canon cuarto que acabamos de tratar en la regulación del pandero, tenemos una interesante referencia a la educación musical femenina en el canon treinta y siete, el cual nos dice:

> «Que de ahora en adelante los cristianos no permitan a sus hijas el estudio de la música profana.»[21]

Aquí la cuestión es que se cierra el aprendizaje de la música profana a las mujeres, pero no indica nada de la música religiosa. En fin, no permitir el estudio de una disciplina o un campo del saber, en este caso la música, conlleva el no poderlo practicar. Por ello, a medida que se extendió la política de no permitir a las mujeres aprender música, estas quedaron excluidas de la composición, la enseñanza o la interpretación musical dentro del mundo cristiano. Las que lo hacían, eran víctimas de la doble moral. Mal vistas por la vinculación al pecado, ya que se las asociaba a la prostitución, a encantadoras y dominadoras de voluntades, especialmente las que cantaban y bailaban acercándolas a las figuras de las sirenas o a Salomé. Pero, por el contrario, a su vez eran requeridas en fiestas populares y privadas,

---

21. J. B. Chabot (1902), p. 386.

donde sus cantos de gesta y sus interpretaciones instrumentales, así como sus números de danza, malabarismos y contorsionismos, gozaban del favor de gran parte del público.

San Jerónimo tentado por unas bailarinas. *Las Bellas Horas de Juan de Francia, duque de Berry* (1405–1408). Fol. 186r Metropolitan Museum of Art, Nueva York.

## Primeras compositoras cristianas

En los centros religiosos femeninos había y se hacía música, pues así lo demandaban los distintos rituales a desarrollar en los diferentes actos y celebraciones que, en el caso de monasterios y conventos femeninos, eran las propias monjas las que interpretaban dichos cánticos.

Poco sabemos de las mujeres músicas en los primeros centros religiosos. Pese a ello han llegado algunos nombres de monjas y abadesas bizantinas del siglo IX que se consideran las primeras religiosas conocidas vinculadas con la creación musical en el cristianismo.

Una de las primeras es una abadesa de Argos llamada Martha, que se sabe que en el siglo IX compuso varias piezas musicales para su convento. Del mismo siglo IX fue Teodosia, abadesa en Constantinopla, que es conocida por su creación de cánones, unas piezas compuestas de nueve himnos que se cantan en el Orthos, el oficio religioso matutino en la iglesia ortodoxa. Tam-

La más importante de todas las religiosas compositoras bizantinas
de esta época es Kassia, que vivió entre el 810 y el 865.

bién en el siglo IX encontramos a Thekla, que fue abadesa en Constantinopla y escribió el único canon que se conoce dedicado a la Virgen. En dicha
pieza, la Virgen María emancipa a todas las mujeres bizantinas del pecado
cometido por Eva en el Génesis, el primer libro del Antiguo Testamento, y
les otorga respeto y honor en la iglesia bizantina. Este hecho es muy importante puesto que dicho pecado de Eva era uno de los motivos por los que
se estigmatizaba a las mujeres bajo la condición de pecadoras persuasivas,
encantadoras de hombres, causantes de la expulsión del Paraíso y de cometer
el Pecado Original, que pesaron sobre la condición de ser mujer en la época
medieval y en posteriores tiempos en la Europa occidental.

Quizás la más importante de todas las religiosas compositoras bizantinas
de esta época sea Kassia (ca. 810 – ca. 865). De ella se conoce que nació
en el seno de una de las familias aristocráticas griegas de Constantinopla,
donde recibió una cuidada y amplia educación por lo que devino una
mujer con un gran valor intelectual. Entre sus composiciones hallamos
más de cincuenta himnos con notación musical, de los cuales veintitrés
forman parte de la liturgia ortodoxa. Kassia es la primera mujer de la que

se conserva música escrita. De ella también nos han llegado más de setecientos ochenta versos de carácter profano, epigramas y también versos gnómicos (máximas para la ayuda a la memoria, es decir, que ayudan a la memorización y a recordar). Los temas de los versos gnómicos, en general, abarcan desde sacros a profanos, y fue uno de los principales estilos literarios de la Grecia clásica y de la época medieval.

El año 843 Kassia fundó un monasterio femenino del que fue abadesa al oeste de su ciudad, Constantinopla, el cual siempre estuvo vinculado al monasterio de Studion, con el que tuvo un papel importante en la renovación de la liturgia bizantina del momento. Como se ha comentado anteriormente, sus composiciones continúan cantándose en la actualidad y, de todas ellas, la que quizás es su obra más destacada sería el troparion *I en polles amarties*, que fue escrito para las celebraciones matinales del Miércoles Santo en la liturgia ortodoxa, y que actualmente se canta en las vísperas del Martes Santo.

AUDICIÓN:
**KASSIA**
*EK RIZIS AGATHIS*

AUDICIÓN:
**KASSIA**
*I EN POLLES AMARTIES*

## La vida en los conventos y los monasterios

Debemos desechar la idea que la época medieval fue oscura y tenebrosa. Es cierto que hubo muchos conflictos bélicos, epidemias y hambrunas que diezmaron la población, pero a su vez existió una efervescencia cultural, al menos en los monasterios y conventos y algunas cortes, especialmente a partir del siglo XII. Las mujeres que pertenecían a los altos estamentos, participaban en la vida económica, cultural, social y, a veces, también política. Tal como nos cuenta Bofill[22], hasta el siglo XV las mujeres tenían capacidad jurídica por lo que podían comprar, vender, administrar bienes y propiedades, hacer contratos y escribir sus testamentos con libertad. En el siglo XVI se las declara incapaces y necesarias de autorización de maridos, hijos, padres o hermanos para poder realizar todo este tipo de transacciones y ejercicios. Especialmente, en la sociedad rural había más paridad en los oficios a realizar, los cuales eran desarrollados tanto por hombres como

---

22. Bofill (2015), visión 27-29 de ebook.

mujeres. Su sociedad era más familiar que patriarcal. El regreso al derecho romano denostó el rol de la mujer en la sociedad.

Los conventos y monasterios eran centros de saber, abiertos a la cultura y a la investigación, en los que las monjas podían estudiar y formarse cultural y religiosamente. De puertas afuera podían ejercer ciertas funciones, como dar alimentos o ropas a los necesitados, pero no podían salir a predicar.

Es cierto que existían diferencias entre los diversos centros: unos tenían más prestigio que otros puesto que sus moradoras eran de una clase social u otra; otros centros contaban con determinados beneficios y prebendas diferentes, y con ello los ingresos por diezmos, producciones agrícolas, además de ingresos por dotes, herencias y donaciones, marcaban sobradamente las diferencias los diversos centros. No era lo mismo ingresar en un monasterio con el sobrenombre de Real, el cual acogía a mujeres y niñas de la realeza y de la alta nobleza, a otro más humilde. Las dotes aportadas para poder ingresar tampoco eran las mismas en unos que en otros.

Hemos visto que las dotes que aportaban las mujeres y las jóvenes para ingresar en un convento variaban según el prestigio de éste. Las que no tenían dote realizaban las tareas más duras del centro y, a menudo, estaban al servicio de sus hermanas con dote. El saber música, el saber cantar y entonar correctamente se consideraba ya como dote de ingreso. Así, una joven sin recursos materiales o tierras, si tenía buena voz y conocimientos musicales, podía ingresar en el convento con la música como dote. Las que sabían tañer algún instrumento que pudiera acompañar dichos cantos eran igualmente admitidas. En caso que el conocimiento musical no fuese suficiente, la dote podía complementarse con donaciones, tierras, etc.

En los centros religiosos femeninos se aprendía a leer y a cantar como un elemento más de la formación religiosa que pudiera impartirse a las novicias, puesto que el canto formaba parte de los oficios religiosos en los que participaban, excepto en las clarisas, en cuya regla se indicaba que debían celebrar el oficio divino según la costumbre de los frailes menores y especifica que, para ello, disponían de breviarios que debían leer y no cantar.

En los monasterios y conventos femeninos la monja encargada de la música era conocida como *cantatrix*, y a ella se le asignaba la formación musical de sus hermanas, la supervisión de los manuscritos musicales, la elección del repertorio, la preparación y ensayos de los cantos y, a menudo, el rol de canto solista. Algunas veces, el cargo recaía en la abadesa o en la priora, pero en otras ocasiones la encargada de esta responsabilidad era otra hermana de la comunidad.

Los libros de visitas pastorales, como los que se conservan de Eudes Rigaud, arzobispo de Rouen, en la Biblioteca Nacional de Francia (Latin

1245), nos cuentan cómo en sus visitas a monasterios femeninos, las hermanas cantaban muy bien las horas de la Virgen María en el monasterio de Sain-Amand de Rouen en 1249. En 1264 detalla que las monjas del priorato de Saint-Aubin no podían cantar las horas, especialmente los maitines, ya que la mayoría eran mayores y se encontraban mal de salud. En 1256 prohibía cantar con farsas –unos añadidos textomusicales para embellecer la música– las lecciones del día de los Santos Inocentes a las trinitarias de Caen y hacía lo propio a las monjas de Montivilliers, a las que prohibía cantar farsas y *conductus* los días de san Esteban, san Juan Evangelista y los Santos Inocentes, puesto que el arzobispo calificó dichos cantos como horribles. La cuestión es que, en palabras del mismo, *nimia iocositate et scurrilibus cantibus utebantur*; es decir, «escuchó excesiva jocosidad en la forma de cantar en lugar de encontrar un canto recogido y devoto».

Las anotaciones que contienen este tipo de registros nos aportan mucha información, como por ejemplo el hecho que en Montivilliers se cantaran *conductus* y farsas, y nos indica que en este monasterio femenino estaban al orden del día de los gustos musicales de la época. Además, la forma poco decorosa de los cantos hace referencia a la forma de cantarlos, es decir, deleitándose con la belleza de las voces y la música y no prestando la suficiente atención a los mensajes y significados de los textos que se cantan y al recogimiento que demandan, algo que ya había tratado san Agustín en su texto *De Musica*, escrito por allá los años 386–391. ¡Casi mil años antes!

## Hildegard von Bingen. Profeta, filósofa, médica y música

Al tratar la música sacra medieval no se puede obviar la figura de Hildegard von Bingen (1098 -1179) que tantas páginas ha llenado en libros y revistas del ámbito teológico, filosófico científico y medicinal. También en el musical.

AUDICIÓN:
HILDEGARD VON BINGEN
*O IGNIS SPIRITUS PARACLITUM*

Hildegard nació en el seno de una familia de la nobleza de Rheinhessen, actual Alemania, de los que fue la décima de sus hijos. Debido a ello, sus padres la donaron como diezmo a Dios y, a los ocho años de edad, fue puesta bajo tutela de Jutta von Sponheim, una anacoreta que vivía encerrada en una habitación adyacente al monasterio de Disibodenberg. Jutta fue la maestra de Hildegard y con ella aprendió a escribir y a leer, también en latín, especialmente los textos

Hildegard obtuvo del papa la licencia apostólica para
poder proceder con la escritura y difusión de sus textos.

sagrados y el libro de los Salmos, así como los cantos de los oficios de
la liturgia de las horas monásticas y a tañer el salterio. Además de Jutta,
Hildegard también tuvo de maestro al monje Volmar, que se cree que fue
quien la introdujo en la lectura de textos filosóficos, teológicos y científicos. Hildegard tomó los votos a los catorce años e ingresó en la pequeña comunidad femenina que se había formado en torno a Jutta, a quien Hildegard sustituyó a su muerte.

De muy pequeña, a los tres años, tuvo su primera visión, que se iría repitiendo en el transcurso de su vida. De joven, confió sus experiencias a Jutta, quien guardó el secreto, pero al fallecer ésta, Hildegarda no sabía con quién compartir sus experiencias y esto le causó grandes tribulaciones, por lo que las compartió con

**AUDICIÓN:**
**HILDEGARD VON
BINGEN**
*O VIRTUS
SAPIENTIAE*

su confesor, un monje llamado Godfrey que, a su vez, se lo contó a su abad. Éste ordenó a Hildegard que escribiera sus visiones y, cuando las tuvo, se las envió al arzobispo de Mainz. Afortunadamente el arzobispo determinó la inspiración divina de las visiones de Hildegard.

Así empezó la escritura de sus textos que duró unos diez años de colaboración entre Volmar, su maestro, y Hildegard. Ella dictaba los textos y él escribía lo que sería su obra más conocida: *Scivias* (1141–1151), texto que contiene un total de veintiséis visiones de diferentes temáticas entre las que habían de apocalípticas y de advertencia. Ello le motivó una correspondencia de más de cien cartas a altos mandatarios políticos y eclesiásticos como Papas, dos emperadores germánicos, reyes y reinas como Leonor de Aquitania, abades y abadesas, transmitiendo los mensajes de sus visiones. A su vez, inició un viaje de predicación a través de Alemania y Francia (nada usual en monjas) en los que criticaba los abusos y corrupción de la Iglesia.

En 1147, el papa Eugenio III organizó un sínodo para tratar y examinar los textos de Hildegard. El voto de los asistentes fue favorable por lo que Hildegard obtuvo del papa la licencia apostólica para poder proceder con la escritura y difusión de sus textos. La respuesta de Hildegard al papa fue muy clara y mediante una larga carta, le urgía a reformar la Iglesia y los monasterios.

Una de las visiones que tuvo fue la de fundar un nuevo monasterio en Rupertsberg, cerca de Bingen. No fue fácil separarse de su monasterio, donde habían acudido un gran número de postulantes debido al reconocimiento que adquirió como profeta.

El año 1150 se trasladó con dieciocho hermanas al nuevo monasterio de Rupertsberg. Al año siguiente acabaría su *Scivias*, que incluía el texto del *Ordo Virtutum*, un drama sacro. Entre 1151 y 1158 Hildegarda escribió diversas antífonas e himnos para los cantos de las Horas y del

AUDICIÓN:
HILDEGARD VON BINGEN
*O VOS IMITATORES*

Oficio de su comunidad. La recopilación *Symphonia harmonia caelestium revelationum* se conserva en dos fuentes diferentes, en Dendermonde y Wiesbaden, las cuales recogen setenta y siete de estos cantos (el número varía en las dos fuentes, pues uno omite dos antífonas, pero añade el *Ordo Virtutum*). Algunas de sus composiciones musicales también aparecen en recopilatorios del siglo XII en el área germánica, como los conservados en Stuttgart con la pieza *O vos imitatores*, y Viena que contiene *Alleluia!* O

*Virgo mediatrix*. Ello nos demuestra que, si bien escribió la música para su comunidad, esta no era desconocida fuera de sus muros y su música estaba en circulación en su época.

La fama actual de Hildegard se debe a la excepcionalidad y a la amplitud de sus conocimientos. La encontramos en textos filosóficos, teológicos y medicinales, especialmente a partir del siglo XIX. Sus prácticas medicinales también se hallan en fuentes de la fitoterapia y la cura con plantas, la cristaloterapia con la sanación a través de los cristales y los minerales y también de la musicoterapia, puesto que Hildegard creía que la música curaba el cuerpo, pero también el alma ¿Cuántas veces nos reconforta una canción? ¿En cuántas ocasiones hemos escuchado música para subirnos el ánimo? ¿Cuántas nos ha hecho llorar y sentirnos mejor después? Como mística, Hildegard creía que los cantos inspirados nacían del Espíritu Santo y, bajo la idea pitagórica de que el cuerpo celeste y el cuerpo humano eran sinfónicos y estaban en armonía, la música servía para armonizar el cuerpo con el cielo, lo Divino. En su texto *Scivias*, Parte III, Visión XIII, n. 14 afirmó que:

> «Sí, el cántico dulcifica los corazones de piedra, les infunde el arrepentimiento, y el Espíritu Santo llama. Y estas voces que oyes, sonaban como voz de muchedumbre inmensa cuando alza su clamor: porque las alabanzas de júbilo y exultación, cantadas en el acorde de unanimidad y amor, llevan a los fieles a esa armonía en la que no hay discordia alguna; y a cuantos en la tierra están les hacen suspirar, con el corazón y la boca, en pos de la suprema herencia».[23]

Sobre el uso de los instrumentos musicales, Hildegard escribió que bajo la inspiración divina del Espíritu Santo:

> «Los Santos Profetas compusieron no sólo salmos y cánticos que eran cantados para encender la devoción de los que los oían, sino diversos instrumentos de música con los que tocar múltiples sonidos.»[24]

---

23. *Triviño*, 2013, p. 97.
24. *Íbidem*, p. 99.

Como hemos visto anteriormente, Hildegard sufrió varios procesos en cuanto a las pruebas de sus visiones, pero también sobre sus prácticas musicales. Un ejemplo lo tenemos cuando la Maestra de Andernach le inquirió sobre algo que a ella le parecía insólito y que no podía comprender. Se trataba de que, en los días de fiesta, las vírgenes del monasterio cantaban en el coro con los cabellos sueltos al aire, adornados con unos velos de seda blanca que llegaban hasta el suelo. Estos velos estaban sujetados por coronas de oro con cruces a los lados mientras que la frente y la parte trasera estaba decorada con un cordero grabado. En sus manos llevaban anillos de oro. La Maestra de Andernach le hizo presente los textos de san Pablo en los que éste recomendaba modestia a las mujeres en las cartas a Timoteo y a los Corintios que hemos visto anteriormente. Pues bien, frente esta acusación de faltar a uno de los principales apóstoles, Hildegard argumentó en su defensa que los textos de san Pablo hacían referencia a las mujeres casadas y no a las vírgenes. Explicó que tanto ella como sus monjas iban a cantar al coro como si estuvieran en el cielo bajo la inspiración divina del canto (que también hemos viso en párrafos anteriores) emulando a las vírgenes de las procesiones celestes que salen en el libro del Apocalipsis.[25]

Finalmente, en 1178 la censura eclesiástica llegó al monasterio de Hildegard por parte de los canónigos de Maguncia. Éstos, durante la ausencia de su obispo, acusaron a Hildegard y a sus hermanas de dar sepultura a un joven caballero que había sido excomulgado. Ella argumentó que antes de morir se había reconciliado con la fe, pero aun así, se ordenó que se exhumara el cuerpo del joven caballero. Frente a tal decisión, Hildegard borró todo símbolo de sepultura y el cuerpo nunca fue hallado.

Como condena, el clero de Maguncia ordenó que el oficio Divino se hiciera a puerta cerrada y sin cantos a partir de entonces en su monasterio. El obispo regresó en 1179, pocos meses antes de que Hildegard falleciera y revocó la sanción y los cantos resonaron de nuevo en los muros monasterio de Rupersberg. La carta que escribió Hildegard al clero de Maguncia es un bellísimo testimonio de su fe y su idea del canto en la liturgia.[26]

PELÍCULA RECOMENDADA:
*VISIÓN. LA HISTORIA DE HILDEGARD VON BINGEN*. DIR.: MARGARETE VON TROTTA. ARD DEGETO, CELLULOID DREAMS, CLASART FILMPRODUKTION, CONCORDE FILMED ENTERTAINMEN. 2009.

---

25. *Íbidem*, p. 96.
26. *Íbidem*, p. 98.

Hildegard pasó por diversos procesos de canonización desde su muerte, aunque ninguno de ellos fue definitivo, o no se conserva. A pesar de ello, el papa Juan Pablo II se refirió a ella como profetisa y santa. Benedicto XVI la nombró Doctora de la Iglesia y la inscribió como santa en 2012.

De lo que no hay duda es de la fuerza y convicción en la fe de Hildegard von Bingen. Sus escritos y creaciones en diversos campos del saber nos muestran a una mujer convencida de su fe y sus ideas, tenaz, perseverante, culta, piadosa y muy adelantada a su época.

## El Códice de las Huelgas.
## Un ejemplo del canto sacro medieval.

En el año 1187, el rey de Castilla Alfonso VIII y su esposa Leonor Plantagenet fundaron un monasterio femenino en las Huelgas del Rey, en Burgos. Santa María la Real de las Huelgas sería el monasterio femenino conocido como casa madre de los monasterios femeninos de Castilla y León.

AUDICIÓN: CÓDICE DE LAS HUELGAS BENEDICAMUS DOMINO

Como hemos visto con anterioridad, existían diferencias entre monasterios, según quienes fueran sus fundadores, los privilegios, prebendas, diezmos, propiedades, etc. En el caso del monasterio femenino de las Huelgas, éste tuvo grandes privilegios y riquezas otorgados por los reyes de Castilla. Gozaba de jurisdicción eclesiástica, civil y criminal sobre más de cincuenta poblaciones cercanas y solamente debía obediencia al Papa. Una distinción de su poder eclesiástico se transmitía ya con el hábito de la abadesa que, con un tocado semejante a una mitra obispal y con un báculo, se parecía más a un obispo femenino que a una abadesa de cualquier otra fundación monástica[27]. Las dos primeras abadesas fueron infantas hijas de los reyes fundadores. Fue la misma reina Leonor la que defendió el poder igualitario de responsabilidad y comandancia del monasterio y sus propiedades, por lo que las abadesas comandaban sobre propiedades y también de forma jurídica: nombraban alcaldes, abadesas de sus fundaciones, tenían molinos, tierras y excepciones fiscales que duraron hasta el siglo XIX, cuando el papa Pío IX suprimió todos sus privilegios. Con el ejemplo del Monasterio Real de Las Huelgas vemos que, además de ser centros de oración y recogimiento, mo-

---

27. https://www.patrimonionacional.es/visita/monasterio-de-sta-maria-la-real-de-las-huelgas

nasterios de su categoría, como el Real Monasterio de Fontevraud en Francia, eran auténticos centros de poder económico, político y social.

La importancia que tiene para este capítulo el monasterio de Las Huelgas es un códice musical único en el mundo, que fue copiado a principios del siglo XIV y se cree que recopila todo el repertorio musical desde la fundación del monasterio en el siglo XII. El manuscrito contiene ciento ochenta y seis piezas que se compusieron desde el siglo XII hasta el inicio del siglo XIV. De estas piezas, ciento setenta y nueve contienen la música escrita en notación mensural del Ars Antiqua. La notación

AUDICIÓN:
CÓDICE DE LAS HUELGAS.
*BONUM EST CONFIDERE*

mensural permite conocer el ritmo de la pieza, a diferencia de la notación cuadrada, que no tiene la misma precisión. Esto ha permitido transcribir la música de otros manuscritos con notación cuadrada y saber cómo sonaban realmente aquellos cánticos gracias a los contenidos en el códice de Las Huelgas. De las ciento setenta y nueve piezas que contienen música, ciento cuarenta y cinco son polifónicas, es decir, para más de una voz.

### EL CÓDICE DE LAS HUELGAS

**En el Códice de Las Huelgas encontramos muestras de todas las formas musicales del Ars Antiqua y nos demuestra que el monasterio estaba al orden del día o de la moda de la música europea de la época en que fueron escritas sus piezas. Algunas de ellas se encuentran en el repertorio de la catedral de Notre Dame de París, varias se encuentran en otros códices tanto europeos como peninsulares y algunas piezas son composiciones propias del monasterio, como los cuatro *planctus* o cantos fúnebres dedicados a personajes importantes.**

De la música conservada también hay partes de la misa y un credo, el más antiguo que se conoce a tres voces. También, aunque fue copiado más tarde, el códice contiene la lección de solfeo a dos voces más antigua conocida.

AUDICIÓN:
CÓDICE DE LAS HUELGAS.
*LECCIÓN DE SOLFEO.*

## Las primeras obras impresas de compositoras: música creada por monjas.

En las páginas de este libro se citan nombres de mujeres que se conocen como las primeras en componer o en interpretar música. Pero, ¿cuándo se imprimió por primera vez una composición de una mujer? ¿Dónde tuvo lugar? ¿Qué tipo de música era? Bien, este tipo de preguntas se responden teniendo siempre en cuenta que la información puede variar gracias al transcurso de las investigaciones y hallazgos en musicología.

Teniendo esto presente, la primera obra impresa de una composición de una mujer fue la de una monja relacionada con Ávila de nombre Gracia Baptista. Su composición era un himno de Adviento que se cantaba en las Vísperas con el título *Conditor Alme* y se publicó en una adaptación para instrumentos de cuerda y tecla en el *Libro de cifra nueva para tecla, harpa y viuhela* de Luys Venegas de Henestrosa y que vió la luz en Alcalá el 1557. Así pues, no se trata de la obra original creada por Gracia Baptista, sino su adaptación en tablatura para instrumentos de cuerda y tecla. Sabemos que el himno *Conditor Alme* en el que se basó Venegas de Henestrosa, era una composición de una monja de nombre Gracia Baptista porque el propio autor del *Libro de cifra nueva* indicó el nombre de los compositores originales de las piezas en el índice y, entre otros, cita a Gracia Baptista, monja, en la pieza que nos ocupa.

Es interesante el hecho de que se mencione la condición de religiosa de la autora, pues no hace lo mismo con compositores masculinos como Cristóbal de Morales.

**AUDICIÓN:**
**GRACIA BAPTISTA - LUYS VENEGAS DE HENESTROSA LIBRO DE CIFRA NUEVA PARA TECLA, HARPA Y VIUHELA *CONDITOR ALME*.**

Vemos, pues, que la impresión de una versión de una composición de una mujer que se conoce como más antigua sería una pieza sacra. En el campo de la música profana las obras impresas más antiguas conocidas serían de Maddalena Casulana, que vio cuatro de sus madrigales publicados en el recopilatorio *Il desiderio* el 1566, nueve años después que el *Conditor Alme* de Gracia Baptista, y su propia impresión en su *Il primo libro di madrigali*, publicado en Venecia en 1568. En el caso de Maddalena Casulana sí que las obras eran tal como ella las creó y no eran versionadas.

La primera monja que publicó sus propias composiciones de música sacra, al menos que se sepa, fue Raffaella Aleotti (1575-c.a. 1640), que fueron impresas en Venecia el 1593 con el título *Sacrae cantiones quinque, septem, octo, & decem vocibus decantande… liber primus*, se trata de piezas sacras polifónocas a cinco, siete, ocho y diez voces.

Raffaella Aleotti fue abadesa del monasterio de San Vito, en Ferrara. Este centro era muy conocido y valorado por la calidad de la música que allí se interpretaba. Concretamente, de Raffaella Aleotti se conocen datos por autores coetáneos que le dedicaron alabanzas como organista, instrumento en el que destacaba como una virtuosa excepcional de tal modo que sus interpretaciones, unidas a las voces de sus hermanas del convento de San Vito en Ferrara, transportaban a las almas de los oyentes a un estado superior en la fe (imagen que también liga con la idea del canto místico de Hildegard von Bingen).

De la misma época se conoce la existencia de una mujer, Vittoria Aleotti, que publicó en la misma ciudad que Raffaella Aleotti, Venecia, y en los mismos años, pero con un repertorio profano de madrigales. Se desconoce si Raffaella Aleotti y Vittoria Aleotti serían la misma persona y que, al tomar los votos, cambiara el nombre de Vittoria por el de Raffaella.

Debido al prestigio como abadesa de uno de los monasterios más importantes de la ciudad y por sus dotes como música, algunos compositores de su época no dudaron en dedicar sus obras a la madre Raffaella Aleotti. Por ejemplo, tenemos la dedicatoria del *Primo libro de motetti a voce* sola de L'Occhialino Parmeggiano, sobrenombre por el que se conocía al compositor y reverendo Giovanni Battista Chinelli o la efusiva dedicatoria del monje Lorenzo Agnelli, a la que dedicó grandes halagos como organista en la dedicatoria de su *Secondo libro di Motetti*, de 1638.

AUDICIÓN:
**RAFFAELLA ALEOTTI. SACRAE CANTIONES** *SANCTA ET IMMACULATA VIRGINITAS*

AUDICIÓN:
**RAFFAELLA ALEOTTI. SACRAE CANTIONES** *VIDI SPECIOSAM SICUT COLUMBAM*

AUDICIÓN:
**LORENZO AGNELLI. SECONDO LIBRO DI MOTETTI DEDICADO A RAFFAELLA ALEOTTI** *LAUDA SYON*

# El acceso a la congregación como monjas músicas

Como se ha comentado anteriormente, para acceder a profesar en un convento había que cumplir una serie de requisitos. En la Península Ibérica y en Latinoamérica se necesitaba de la acreditación de limpieza de sangre, es decir, que se provenía de una familia sin ningún antecedente converso, ni condenado por la Inquisición, etc., una certificación de sus conocimientos musicales realizada por su maestro y un examen de ingreso frente a un tribunal formado por maestros de capilla y varios miembros de la curia. Al final, debía ser aprobada por el claustro del monasterio a ingresar, además de pagar una dote, que según las ocasiones era disminuida (en Latinoamérica) o suprimida en Europa, si se tenía conocimientos de música y de tañer instrumentos. Un largo camino que se vería completado con el tiempo de noviciado y la toma de los votos.

Se da el caso de jóvenes, huérfanas o no, y también viudas que no tenían suficiente dinero para pagar la dote de ingreso y que aprendieron música para poder acceder al monasterio. Un ejemplo lo tenemos en el caso de Catalina de San Juan, cuyo cuñado firmó un contrato en 1620 con Damián de Tejada, ministril de la catedral de Sevilla, para que la doncella Catalina aprendiera a tocar el bajón grande y el pequeño durante un año y por ello cobró 800 reales[28]. Se conocen varios ejemplos de hermanas que en el momento del ingreso se hallaron en la situación de suplir parte de su dote con sus conocimientos musicales. Por ejemplo Ysabel Josepha de Flores, que pagó 900 ducados y el resto de la dote lo suplió con sus conocimientos musicales cuando profesó en 1650 en el monasterio de San Clemente de Sevilla. Otro caso es el de María Bonifacia, de la que se sabe que una hermana pagó la mitad de su dote con sus conocimientos musicales y su participación activa cantando en el coro en el momento de ingresar en el monasterio de Santa Clara en Santa Fe de Bogotá[29]. Como ejemplo y testimonio de la supresión de la dote por los conocimientos musicales lo tenemos en el convento del Socorro de Sevilla del cual, en un protocolo notarial del año 1624, se indica que Luisa Esturizaga entró como cantora y tañedora de bajón «en uno de los lugares que por cláusula de la fundadora deste dicho monasterio se pueden recibir sin dote y de balde músicas para el coro de dicho monasterio»[30].

A menudo, los centros monásticos recibían a mujeres de una misma familia, fueran hermanas, sobrinas, madres e hijas, etc. Por ejemplo, en el

---

28. Bejarano (2014), p. 189.
29. *Íbidem*; Chaves (2009), p. 315.
30. Bejarano (2014), p. 189.

convento de la Anunciación de Alba de Tormes ingresó una niña de once años de edad llamada Juana de San Pedro, que hablaba latín y tocaba el salterio. Esta niña era sobrina de la madre fundadora.

Hay que tener en cuenta que generalmente, de todas las hijas de una familia media acomodada, solamente acostumbraba a casarse la mayor y el resto, por falta de una buena dote, eran destinadas a la vida religiosa. Los datos censales de ciudades como Bolonia muestran que sobre 1630 el catorce por ciento de la población eran monjas, pero en el caso de familias acomodadas el porcentaje se disparaba. En Milán, en el siglo XVII, el setenta y cinco por ciento de mujeres nobles vivía en un convento. Esta ciudad tuvo más de cuarenta conventos dentro de sus murallas. María Xaveria Perucona (1652–1709) procedía de una familia aristocrática y realizó sus estudios musicales con profesores privados en su domicilio. A los dieciséis años ingresó en el Colegio de Santa Úrsula de Galliate, en el Piamonte. En 1675 escribió sus *Sacri concerti dei motetti a une, due, tre e quattro voci, parte con violini e parte senza*, en 1675.

**AUDICIÓN: MARIA XAVERIA PERUCONA. SACRI CONCERTI DEI MOTETTI GAUDE PLAUDE**

Hemos visto que Hildegard von Bingen ingresó muy joven en un monasterio. La Iglesia reguló la edad de acceso e introdujo el mínimo de siete años y la de profesar a los veinticinco. Cabe decir que estas cifras no siempre se respetaban y el ingreso de niñas menores de siete años tenía lugar por diferentes motivos como orfandad, abandono, etc., y eran conocidas como educandas. Gracias a los libros de cuentas se conoce el empleo de profesores de música que accedían a los conventos para dar lecciones de teoría musical y de instrumento tanto a estas educandas como a las novicias.

## Desarrollo de la música en los conventos

Como colofón de las excelencias de las monjas cantoras de San Vito de Ferrara, tal como podemos leer en Pendle, 1991, p. 70 (ed. de 2001), el teórico de la música, compositor, arquitecto, matemático y poeta Ercole Bottrigari dijo de ellas que «más que humanas parecían auténticos espíritus angelicales» y narró uno de sus conciertos de la siguiente manera: Bottrigari explica que entraron todas las hermanas en silencio dirigiéndose a una tarima. Algunas de ellas llevaban instrumentos y otras no. Entonces, las que por motivo de tañer debían sentarse, así lo hicieron. Todo con escrupuloso silencio, remarca el autor. Una vez colocadas las hermanas en sus respectivos sitios, entró la maestra que se situó a un lado y dio indicaciones a las intérpretes también en silencio. Cuando todas estuvieron preparadas, empezó a marcar golpeando el tempo con la vara de dirección y se inició el concierto, con un sonido tan bello que lo trasladó a Heliconia, el país mitológico de las Musas.

Esta puesta en escena parece la de una interpretación musical en una sala de concierto actual, justo antes de empezar la actuación, cuando los músicos de la orquesta y del coro ocupan sus respectivos lugares y después entra el director o directora, que da las indicaciones pertinentes y se dispone a dar inicio a la velada musical y puede parecer común y nada extraña en una sala de conciertos. Bottrigari remarca sobre todo el escrupuloso silencio que envuelve la situación: la entrada de las intérpretes, la de la Maestra, que en esta ocasión no era otra que la Raffaella Aleotti, cómo ésta da las indicaciones previas al inicio y cómo la música transporta al oyente al mundo de las musas.

AUDICIÓN:
RAFFAELLA
ALEOTTI. SACRAE
CANTIONES
*MISERERE MEI
DEUS*

La orquesta estaba formada por veintitrés hermanas que tañían instrumentos de cuerda y viento, algunos de ellos, como los sacabuches (parecido al trombón de varas y característico de esta época), cornetos o instrumentos de tecla no eran nada usuales en mujeres intérpretes. Tal como indica Pendle, Giovanni Maria Artusi cita el elenco de instrumentos de la orquesta de San Vito: cornetos, trombones, violines, viola bastarda, arpas dobles, laúdes, cornamusas, flautas, clavicémbalos y el coro de cantantes. Una auténtica orquesta formada por monjas.

Al escuchar este *Miserere mei Deus* de Raffaella Aleotti, pienso en mis bisabuelos y tatarabuelos, agricultores y carreteros en un pueblo, cómo reaccionarían y qué sentirían ante una situación así si alguna vez fueran a la ciudad y oraran en alguno de estos conventos o en una catedral: la luz de las velas, el olor a cera y a incienso, los rayos del sol traspasando las vidrieras… con estos cantos de fondo… ¡seguro que se hubieran sentido transportados a un lugar místico!

A partir del siglo XVII algunas casas religiosas eran conocidas por la música que en ellas se realizaba, como por ejemplo el monasterio de la Madre de Dios de Constantinopla, en Madrid, que fue fundado por familias importantes ligadas a la corte, las cuales le aportaron grandes cantidades de dinero para poder ser un monasterio libremente dotado y que las hermanas pudieran dedicarse solamente a la oración. En España también se conoce el monasterio de San Blas de Lerma, fundado por el Duque de Lerma y contemporáneo al de Constantinopla, con el que rivalizaba en sus interpretaciones musicales. Otro ejemplo estaría en Milán, con el monasterio de Santa Radegunda, que competía con la capilla masculina del mismísimo Duomo. En las fundaciones de Latinoamérica encontramos también monjas músicas, como en el monasterio de Santa Clara o en el de Santa Inés, ambos en Santa Fe de Bogotá. Estos son solo unos ejemplos que, como vemos, podrían extenderse a toda Europa occidental y también a Latinoamérica.

No es extrañar que la actividad musical de algunos monasterios femeninos fuera de primerísima calidad y siguiera la moda de lo que realizaban las capillas musicales de las cortes. En dichos monasterios ingresaban niñas, jóvenes y mujeres de más edad con conocimientos musicales y estos eran aprove-chados para la capilla musical de la institución, además de poder contar con el beneficio de maestros de música para enseñar en estos centros y de alquilar el servicio de ministriles o músicos en ocasiones y fechas especiales como Corpus o la conmemoración de los y las patronas del orden y de la casa.

Un ejemplo de monja compositora que escribía sus obras en los estilos de moda sería el de Caterina Assandra (1590-1618). Se trata de una monja benedictina del monasterio de Santa Ágata en Lomellina en la Lombardía que hizo sus votos a los diecinueve años y tomó el nombre religioso de Úrsula. Caterina Assandra, o hermana Úrsula, compuso motetes en diferentes es-

La actividad musical de algunos monasterios femeninos era de primerísima calidad.

tilos, como el milanés que podía escucharse en el monasterio de Santa Radegunda de esta ciudad.

Fue muy valorada en su época y recibió laudas y dedicatorias de varios compositores como Benedetto Rè, su profesor de contrapunto, que le dedicó una de sus composiciones de 1607. Quizás la más destacada sea la que recibió del editor Lomazzo en la obra de Gian Paolo Cima, *Partita de Ricercari & Canzoni Alla Francese*, en la que escribió lo siguiente: «Para su más excelente y más virtuosa dama con todo su agradecimiento a su bondadosa señora: Caterina Assandra».

Poco sabemos del repertorio que se interpretó en el concierto que nos explicaba anteriormente Bottrigari pero, por ejemplo, en los libros de cuentas del monasterio de Constantinopla se detallan compras y encargos de villancicos, especialmente para las fiestas de Navidad, así como otros libros de coro.[31] Lo mismo sucede en las carmelitas de la Encarnación de Ávila o en Santa Clara de Tordesillas, que solicitaban obras para cantar y que se adaptasen a sus posibilidades.[32] Por lo que parece, el encargo de obras a compositores externos era frecuente. Ello no significa que todos los monasterios que encargaban dichas obras no tuvieran también compositoras, como sucede con la madre Elena Malvezzi (†1563) del convento de Santa Agnes de Bolonia, que creaba música para acompañar a los cánticos y que la recogió en un manuscrito para instrumento de tecla que tenía en repertorio también madrigales, motetes y *chansons* de otros compositores.

Quizás una de las monjas compositoras más conocida en su época fuese Isabella Leonarda (1620-1704), nacida en el seno de una familia prominente de Novara. En 1636 ingresó en el monasterio de Santa Úrsula de su ciudad con dieciséis años de edad. Varios documentos conservados nos informan de los diferentes rangos de la jerarquía monacal que ocupó durante toda su vida. Por ejemplo, de ella se sabe que fue instructora de

31. Baade (1997), pp. 221 – 230.
32. *Íbidem*; De Vicente, (2000), p. 512.

música por un documento de 1658 que así la denomina o que, en 1676, fue nombrada madre superiora, cargo que ocupó hasta 1693, cuando fue nombrada madre vicaria.

Isabella Leonarda era considerada como la musa de su ciudad, Novara. Que se conozca, fue la monja compositora más prolífica del siglo XVII, con más de doscientas publicadas en más de veinte volúmenes que llevaron su música vocal e instrumental por toda Europa. Su estilo combina unas formas más conservadoras para la música de la liturgia y de los oficios, en las que encontramos composiciones una sola voz con acompañamiento de órgano, frente a su creatividad que desarrolla al máximo con sus obras a varias voces y en sus obras instrumentales, en las que la melodía dibuja el contenido de los textos cuando se trata de sus obras vocales. Las sonatas de Isabella Leonarda son las primeras que se conocen publicadas por una mujer. Su sonata para violín y bajo continuo es una de las más avanzadas en cuanto al empleo de la armonía se refiere.

## Llega el declive de la exposición musical de las monjas

Hubo monjas que escribieron tratados musicales para el empleo y educación de sus hermanas, como el caso de Lucrezia Orsina Vizana (1593–1662), del monasterio de Santa Cristina de Bolonia, que escribió varios tratados educativos sobre teoría musical, contrapunto y armonía. Desdichadamente no se ha conservado ninguno de ellos, pero sí sus composiciones de motetes a una y dos voces que dedicó a las hermanas de su convento, bajo el título *Componimenti Musicali*, publicado en 1623.

Con el concilio de Trento no se abolió la música sacra en los oficios y misas, pero se dejó que fueran los obispos los que regularan sus usos. Así, cada diócesis tenía o permitía unos usos diferentes a otros siempre dependiendo de las reglas y del carácter y talante de cada obispo. Lo que sí se reguló fueron las órdenes religiosas y con ellas, la clausura, que pasó a ser mucho más estricta que hasta entonces y para casi todas las órdenes femeninas. Por lo cual, las visitas de profesores de música externos se vieron afectadas ya que debían dar las lecciones a través de rejas, y no sólo esto, ya que los espacios en las iglesias también se separaron y los cantos y conciertos hechos por las hermanas de las congregaciones durante los oficios y misas quedaron para puertas adentro, quedando separadas del resto de los fieles que asistían a las celebraciones, cantando desde otras salas o tras unas tupidas celosías.

Muchos obispos, arzobispos y cardenales trabajaron en orden de seguir dichas estipulaciones al máximo, como el cardenal Carlo Borromeo. En cambio, otros, como el sobrino de Carlo, Federigo Borromeo, abogaron en defensa de los usos vigentes hasta el momento y así fue mientras Federigo estuvo al frente del obispado de Milán.

El toque final, el más importante para la casi desaparición de las monjas músicas, compositoras y concertistas en público fue el edicto del papa Inocencio XI que declaraba que la música era ofensiva a la modestia femenina porque distraía a las mujeres de las materias y ocupaciones más apropiadas a su género. A todo ello añadió que ninguna mujer, fuera soltera, casada o viuda, de cualquier rango social, estatus o condición, incluso aquellas que vivían en conventos o en conservatorios (orfanatos), bajo ningún pretexto, estudiara música, ni aprendiera a cantar de los hombres ni tocar cualquier tipo de instrumento musical. Diecisiete años más tarde, el nuevo papa Clemente XI renovó este edicto. Con ello, la música en los conventos femeninos se fue apagando de puertas afuera.

Un ejemplo de cómo afectó la regulación del Concilio de Trento de las órdenes monacales y el edicto del papa Inocencio XI lo podemos encontrar en el caso de Chiara Margarita Cozzolani (1602–1678), madre compositora en Santa Radegunda, el monasterio femenino más importante de aquellos momentos musicalmente hablando y cuya capilla musical competía, como hemos visto, con la del mismísimo Duomo de Milán.

AUDICIÓN:
CHIARA
MARGARITA
COZZOLANI
*DIXIT DOMINUS*

De Chiara Marga-
rita Cozzolani se
conserva parte de
sus composiciones.

AUDICIÓN:
CHIARA
MARGARITA
COZZOLANI
*BONE IESU, FONS
AMORIS*

Chiara Margarita Cozzolani nació en el seno de una familia de mercaderes muy importante de Milán. En 1620, con dieciocho años, realizó sus votos en el monasterio benedictino de Santa Radegunda, centro del que fue abadesa y priora. De Chiara Margarita Cozzolani se conserva parte de sus composiciones, entre ellas una recopilación bajo el título *Concerti Sacri* que se publicó en Venecia en 1642, como sus *Scherzi di sacra melodía*, del que se ha perdido el bajo continuo y sus *Salmi a Otto, motetti et dialoghi*, ambas recopilaciones impresas también en Venecia en 1648 y 1650 respectivamente.

No existen más publicaciones ni composiciones de Chiara Margarita Cozzolani después de 1650. Se cree que sus funciones como abadesa y priora en Santa Radegunda, además de las demandas del cardenal Alfonso Litta, que era seguidor de la línea de Carlo Borromeo, acabaron por silenciar a esta excelente compositora y a las monjas de su convento.

De ellas, y especialmente de Chiara Maria Cozzolani, el abad agustino, teólogo y filósofo Filippo Picinelli publicó en el *Ateneo dei letterati milanesi* (1670), lo siguiente:

> «Las monjas de Santa Radegunda de Milán, en la posesión de la música están dotadas de tan extraña exquisitez, que son reconocidas por la primera cantante de Italia. Visten el hábito del padre san Benito y, bajo la negra capa, parecen a quien las escucha cándidos y armoniosos cisnes que, llenando los corazones de maravilla, raptan a la lengua de aquello que le es encomendado. Entre estas religiosas merece un orgullo supremo doña Chiara Margarita Cozzolani, Chiara [Clara] de nombre, pero más en mérito, y Margarita por nobleza de ingenio extraño y excelente que, si en el año 1620 tomó el hábito sacro, hizo en el ejercicio de su música algo sobresaliente y grande, que del 1640 hasta 1650 mandó a la imprenta cuatro obras musicales…»[33]

Con todo ello, podemos imaginar cómo la música que se creaba en los conventos tomó una nueva dirección hacia el uso litúrgico con un cambio en su puesta en práctica que afectó claramente a su desarrollo. Ello no significa que la práctica musical desapareciera por completo, puesto que los libros de cuentas conservados en España hasta la desamortización de Mendizábal en el siglo XIX, por ejemplo, demuestran la práctica musical con el órgano en los conventos, pero siempre puertas adentro. Las entradas que indican los pagos por compras y reparaciones de órganos, las compras de cantorales y demás gastos vinculados con la práctica musical son testimonio de ello.

Además de la música sacra que se interpretaba en los oficios, queda la música profana que se podía interpretar en aquellos conventos en los que ingresaban o se retiraban las mujeres de familias de alto rango. Era habitual que estas damas, a menudo, ingresasen con sus criadas, algunas de ellas esclavas, que no siempre profesaban votos. Las cláusulas de la fundación del monasterio de Santa Inés en Santa Fe de Bogotá en el siglo XVII dan testimonio de estas mujeres que también vivían en el convento y que, al morir sus amas, debían quedar en él como legas.[34]

---

33. Picinelli (1670), p. 147. Bowers (1987), pp. 139 – 140. Traducción del autor.
34. Chaves (2009), p. 309

Tanto la Reforma como la Contrarreforma generaron nuevas perspectivas musicales. En la Reforma, las mujeres madres de familia eran las encargadas de enseñar los himnos religiosos a sus hijos, por lo que la música del culto estaba presente en los hogares. Como puede verse en el capítulo dedicado a las reinas y damas de la alta nobleza, también la Contrarreforma generó cantos espirituales, como los de Margarita de Navarra.

En la música de la Reforma luterana también encontramos compositoras, como el caso de Elisabeth Cruciger, que fue la primera mujer poeta y escritora de himnos de la reforma protestante. Cruciger había nacido en el seno de una familia noble de Meseritz e ingresó en la abadía de Merienbusch cuando era una niña. Sea como fuere, allí tuvo conocimiento de las ideas de la Reforma y se convirtió al luteranismo a la vez que abandonó la abadía en 1522. Dos años después, en 1524, se casó con Caspar Cruciger 'el viejo', teólogo, estudiante y asistente de Martín Lutero.

AUDICIÓN:
ELISABETH CRUCIGER *HER CHRIST, DER EINIG GOTTS SOHN*

De Elisabeth Cruciger se sabe que compuso el himno *Her Christ, der Einig Gotts Sohn* para la festividad de la Epifanía y que se encuentra vigente en el himnario protestante *Evangelisches Gesangbuch*, publicado en 1524 como parte de *Eyn Enchiridion oder Handbüchlein*, uno de los primeros himnarios protestantes, con el título *Ein Lobsanck von Christo*, por lo que se trata de una de las piezas protestantes más antiguas que actualmente continua en uso.

AUDICIÓN:
SOEUR SOURIRE *DOMINIQUE*

En los conventos femeninos se ha seguido cantando desde el siglo XVIII, aunque de una forma muy diferente. Encontramos los cantos de los oficios y misas, siempre para la congregación y no en concierto lúdico o con público. En los siglos XX y XXI ha habido monjas que por un motivo u otro han sido musicalmente muy mediáticas, como por ejemplo la hermana dominica Luc-Grabriel conocida como *soeur Sourie*, el nombre artístico de Jeanne-Paule Marie Deckers (1933–1985), que en 1963 se hizo mundialmente conocida con el tema *Dominique*, dedicado al fundador de su orden y que compuso e interpretó para recaudar fondos para su orden.

La popularidad que alcanzó fue tal que, en 1964, su canción se mantuvo en los primeros puestos de las listas musicales del momento, sobre todo en Estados Unidos de América, donde el mes de diciembre superó al mismísimo Elvis Presley y a los propios The Beatles. Vendió un millón de discos en quince días y su popularidad fueron claves para ganar el Grammy al mejor góspel en 1964. Su carrera musical y también religiosa sufrieron varios altibajos que conllevaron a su trágico desenlace en 1985.

Recientemente, una voz emocionó a Italia (y posteriormente a todo el mundo) en la edición del televisivo programa *The voice* 2014, cuando en la fase de elección a ciegas los cuatro *coaches* se giraron uno a uno y vieron con sorpresa que quien cantaba la canción *No One* (Alicia Keys) no era otra que una joven siciliana de veinticinco años, sor Cristina Scuccia, monja ursulina del monasterio de la Sagrada Familia de Milán y que acabaría por ganar la edición del programa y grabar varios discos.

**AUDICIÓN:**
**SOR CRISTINA SCUCCIA**
*NO ONE*
(*A. KEYS, KERRY BR. & G. M. HARRY*)

La letra de la canción *No One* es de amor. De amor a quien se quiera: puede ser a una pareja, a un hijo o hija, a Dios, etc.

Otro ejemplo de letras que pueden interpretarse en el mismo sentido de amor a una pareja o de amor a Dios, lo encontramos en una canción góspel y también pop conocida como *I will follow Him*, la canción que enseña y dirige la que sería la monja más mediática de todas, la ficticia hermana Marie-Clarence de la película *Sister Act*, protagonizada por Whoopi Goldberg y dirigida por Emile Ardolino en 1992. En ella una corista de Las Vegas es testigo de un asesinato por parte de unos mafiosos y la policía la oculta como testigo de cargo en un convento, haciéndola pasar por monja. Allí, como monja, enseñará a cantar a sus hermanas en el coro de la comunidad, tal como se ha realizado desde siempre, con temas religiosos y no religiosos a los que se adapta o no el texto. En la película, los habitantes del barrio llenan la iglesia, todo San Francisco, incluso el papa de Roma acude para escuchar cantar al coro, igual como ocurría en los conventos de Ferrara, Novara, Milán, Madrid o Santa Fe de Bogotá. Para mucha gente de todas las épocas, las iglesias eran los únicos centros a los que podían ir para escuchar música de extrema belleza.

No quisiera acabar el capítulo sin recordar a los monasterios como centros de saber y de cultura. En ellos, las mujeres que realizaban los votos, hubieran ingresado voluntariamente o no, pudieron desarrollar sus actividades intelectuales y culturales de una manera que hubiera resultado imposible en la vida seglar. Estudios de filosofía, teología, ciencias, medicina, arte y música son sólo algunas de las disciplinas que se podían estudiar y cultivar. Las fundaciones femeninas con sus capillas musicales de los siglos XV - XVII estuvieron a la orden del día en cuanto a técnica compositiva e interpretativa y fue por ello que rivalizaron musicalmente con las capillas de los palacios de la alta nobleza y de las catedrales. Queda todavía mucho por estudiar y descubrir de la vida monástica en general y de la música femenina en particular.

**AUDICIÓN:**
**NOHIEN AND BAND**
*I WILL FOLLOW HIM*
(POURCEL, MAURIAT, PLANTE, ALTMAN, GIMBEL. *AD. SISTER ACT:* M. SHAIMAN)

**AUDICIÓN:**
**CHIARA MARGARITA COZZOLANI**
*SALMI A OTTO... MOTETTI E DIALOGHI, OP. 3. DEUS IN AUDITORIUM*

# Educación musical.
# Diferencias curriculares por género

La enseñanza en general, y la de la música en particular, se ha adecuado según las ideologías y necesidades de cada sociedad respecto al género de sus alumnos. Existe la idea que desde bien antiguo se diferenciaron los aprendizajes según el género, pero todo varía según la cultura en la que nos centremos, pues tenemos a niñas que fueron instruidas para poder gobernar y ocupar altos cargos administrativo-religiosos en el gobierno del estado en la antigua Mesopotamia a otras culturas en las que la educación no contemplaba a las alumnas.

## Educación musical femenina en la cultura clásica

A diferentes niveles y posibilidades económicas y sociales, las niñas aprendían especialmente todo lo relacionado con la maternidad y el hogar, mientras que disciplinas más intelectuales estaban destinadas para los niños. En la Grecia helenística (2ª mitad s. IV a.C) hubo un cambio en la percepción de la educación, surgiendo escuelas segregadas para niños y niñas. En ellas las mujeres aprendieron música y poesía, llegando a ganar concursos y competiciones poéticas a partir del s. II a.C. En el capítulo dedicado a las mujeres músicas en la Antigüedad hemos visto algún ejemplo. También en dicho capítulo encontramos un fragmento de *La República* de Platón que también es de interés en el tema que nos ocupa, la enseñanza de las niñas.

En dicho fragmento, el gran filósofo Sócrates dialoga con Glaucón sobre los aprendizajes femeninos y, observamos que Sócrates defiende una enseñanza igualitaria según las capacidades de cada persona sin tener en cuenta el género.

Existen escuelas documentadas en la Antigua Grecia como las de Esparta o las de Atenas en las que se enseñaba música, pero una de las escuelas femeninas más importante y pionera es la que creó Safo de Lesbos (ca. 630 a.C. – ca. 570 a.C.) en Mitilene, en la isla de Lesbos, a finales del s. VII y principios del VI a.C. Safo era una mujer muy culta y tocaba diversos instrumentos, entre ellos el *pektis*, un instrumento de cuerda pulsada similar a un salterio/arpa/lira de forma triangular y del cual que se cree que Safo fue su inventora. Se conoce que la gran poetisa además de cantar también tañía la cítara y

Busto romano. Posible representación de Safo. Metropolitan Museum of Art, Nueva York.

la flauta. Muchachas de las diversas polis griegas acudían a isla de Lesbos para incorporarse en las enseñanzas de la comunidad creada por Safo en su academia donde, además de participar en los rituales y ceremonias de carácter religioso, se aprendía poesía y música.

En aquellos tiempos, las mujeres de Lesbos podían ocupar cargos políticos, tenían propiedades además de ocupar altos niveles en la sociedad y también un alto estatus religioso y literario. Para ello recibían una estricta educación gracias a la que participaban en las dialécticas políticas, literarias y en los oficios religiosos. En medio de este esplendor cultural encontramos a Safo y su comunidad, pero todo ello se truncó con la llegada al poder de Mirsilo, que cambió esta forma de vida y sociedad, y Safo tuvo que huir y exiliarse en Siracusa.

Tanto Safo como sus alumnas eran requeridas especialmente en las ceremonias matrimoniales donde interpretaban los epitalamios, poemas que se cantaban habitualmente frente a la puerta de la cámara nupcial de los recién casados. Se acostumbraban a acompañar con flautas, palmas, liras y cítaras y tradicionalmente eran cantados por coros de chicos y de chicas. A parte de los epitalamios, Safo escribió elegías, epigramas, himnos y nueve libros de poesía lírica, poesía para cantar. Fue muy apreciada y valorada como poetisa y su obra fue muy influyente en diversos autores griegos, romanos y de todos los tiempos como Platón, Aristoxeno, Sócrates, Aristóteles, Catulo u Ovidio por citar algunos. Desgraciadamente, sólo han sobrevivido al paso de los siglos algunos fragmentos de su obra escrita y ninguna parte musical.

## Las esclavas cantoras y su educación

En el mundo islámico, especialmente a partir del siglo VIII con la dinastía Omeya, la música y las mujeres vinculadas con este arte adquirirían una presencia mayor en palacios y edificios de familias poderosas, además de encontrarse también en las poblaciones y en posadas de caminos y rutas comerciales. Eran conocidas como cantoras o *qiyan*, término que recoge a mujeres libres, hijas de cargos importantes en la sociedad islámica con cierto poder y que competían con músicos y poetas. Además, el término *qiyan* engloba también a las esclavas cantoras de alto rango en innumerables bibliografías, aunque diferentes autores/ras especifican diversas denominaciones según su estatus, si eran instrumentistas, si eran de piel blanca, rapsodas, bailarinas o plañideras, recitadoras del Corán, malabaristas con armas…

Estas cantoras, tanto libres como mayoritariamente esclavas, aprendían canto, danza, poesía y a tañer varios instrumentos en escuelas especializadas en las que ingresaban aquellas que tenían una predisposición musical. Los instrumentos que acostumbraban a tocar serían el laúd, la cítara, el arpa, el salterio, el pandero, el adufe (pandero de dos membranas, una por cada lado), la flauta, una especie de dulzaina y las palmas, ya que en la cultura islámica el acompañamiento musical con palmas era considerado un instrumento musical. Generalmente eran enviadas a las escuelas a los nueve años para iniciar un aprendizaje que, si era completo, podía durar quince años.

Las mujeres libres aprendían en los palacios y mansiones palaciegas a través de las enseñanzas de maestros y preceptores. En cambio las esclavas, principalmente aquellas que pertenecían a emires o a altos cargos de la sociedad, tanto si eran musulmanas como cristianas, eran trasladadas a las escuelas de Bagdad, Medina, La Meca y Basora y, a partir del año 822, a la famosa escuela de Ziryab en la Córdoba de Abderramán II, que gozó de gran fama en el mundo islámico de su época. Posteriormente, a causa de la descomposición del califato de Córdoba en los reinos taifas, se enviaron a las de Sevilla, Granada, Albarracín, Zaragoza o Valencia por citar algunas de la Península Ibérica. En la Zaragoza musulmana, el célebre filósofo, músico y poeta zaragozano Ibn Bayya (Zaragoza, 1070 - Fez, 1128), Avempace para los latinos, ya había fundado la primera escuela de música de la Marca Superior. En ella instruía como cantantes a esclavas musulmanas y cristianas cualificadas, por lo que creó un nuevo estilo, fruto de los cantos cristianos y los orientales, que perduró en los siglos posteriores.

Algunas esclavas eran compradas por los propios maestros, que luego las revendían una vez realizados los aprendizajes. Se conoce que el precio medio de estas esclavas cantoras alcanzaba los 1.000 dinares si cantaban bien, hasta los 10.000 si además bailaban y tocaban varios instrumentos, pero el precio podía sobrepasar con creces estas cifras si además de sus capacidades artísticas como la dulzura de la voz o la expresión vocal, la perfecta declamación y el conocimiento de los diversos ritmos, les acompañaban otras cualidades relacionadas con la cultura y la razón, la matemática o la astronomía, recitación del Corán, manejo de armas, contar historias, hacer malabares, perfecta caligrafía, conocer diversos tipos de juegos y, especialmente, poseer una gran belleza y elegancia.

Ciertas esclavas cantoras ejercían también de profesoras, enseñando y transmitiendo sus conocimientos y aptitudes. Algunas escuelas emitían una especie de certificado para las esclavas, conocido como iyaza, en el que se indicaba los títulos de las canciones que sabían cantar, instrumentos que tañían y otras capacidades que hacían incrementar su precio. Una esclava cantora podía ocupar un estatus muy alto dentro del harén según las cualidades, conocimientos y capacidades que poseyera. La iyaza, la certificación, también autorizaba y acreditaba a quien la poseyera para poder impartir clases de música y danza. Se da el caso que esclavas cantoras que ocuparon el puesto de preferidas en el harén y otras fueron las madres de príncipes, como sucedió con Fadl al Madaniyya, que tuvo un hijo, Umar b. Abd al-Rahman, del emir de Córdoba Abd al-Rahman I, de quien era su preferida gracias a sus conocimientos del canto de Medina. El emir Abd al-Rahman tuvo también un hijo, Abd al-Walid, con Qalam, que era una esclava cristiana andalusí hija de un noble vasco. De pequeña, Qalam fue enviada a Medina para aprender el canto medinés, del que fue una experta, y volvió a Córdoba. En el harén, las esclavas que tenían hijos ascendían dentro de la escala de las esclavas, siendo esclava-madre, lo que les concedía una serie de privilegios como la libertad al morir su propietario o no poder ser vendida ni regalada.

Al-Haziz, intelectual de Basora (781 – 868), en su obra *Las esclavas cantoras* trata de todos estos temas además de informarnos que una esclava cantora podía memorizar hasta 4.000 canciones de dos o cuatro versos. Hubo cantoras que hicieron recopilaciones de cantos, como Badl, de la escuela de Medina, que escribió un repertorio de 30.000 canciones. Autoras de recopilatorios también de Medina fueron Danair, de la que se sabe que recopiló un repertorio conocido como *Kitab muyyarad al-agami*, o la esclava cantora Ulayya, que compuso setenta melodías, por citar algunos ejemplos entre otras mujeres cantoras, intérpretes y compositoras que pueden conocerse gracias a todos los escritos de su época y que tratan sobre ellas de manera directa o indirecta y que dan fruto a las diversas investigaciones realizadas sobre la relación entre la música y las mujeres en el islam.

Algunos estudios de gran importancia relacionados con todo ello son la publicación, en 1929, de *A History of arabian music* to the XIIIth century, de H. G. Farmer[35], quien dio a conocer la localización de un manuscrito que contiene información de más de 460 esclavas cantoras y 120 cantoras libres y que fue escrito entre el año 923 y 1023 por el filósofo e intelectual Al-Tawhidi. Otro estudio de cabal importancia, el cual es la fuente principal de esta sección, es el capítulo titulado «Estatus de la mujer en la cultura islámica: las esclavas - cantoras (ss. XI – XIX)», de la profesora Manuela Cortés García.[36]

Si bien el estatus de las esclavas cantoras conllevaba unos privilegios sobre las otras esclavas, como departamentos especiales para ellas, ricos ropajes, regalos valiosos, además de un aprendizaje cultural para fomentar el desarrollo intelectual —algo impensable en la mayoría de mujeres libres del momento— que les permitía entablar diálogos de tú a tú con los hombres, y su labor era destinada al placer intelectual, pero también al placer físico. No debemos olvidar su condición de esclavas, y como tales, sometidas a la voluntad de sus dueños, que podían hacer con ellas lo que desearan y eran castigadas, vendidas, cedidas, alquiladas y regaladas como si de objetos se tratara.

En los reinos cristianos medievales de la Península Ibérica, las bailarinas y cantantes musulmanas eran muy apreciadas, especialmente en los reinos de Castilla y de Aragón. En el libro *Juegos diversos de Axedrez, dados, y tablas con sus explicaciones, ordenados por mandado del Rey don Alfonso el Sabio*[37], escrito hacia 1287, cuando ya había fallecido el rey castellano Alfonso X el Sabio (1221– 1284), encontramos dos ilustraciones que contienen esclavas músicas. En una de ellas tenemos a dos esclavas que sirven bebidas mientras una esclava música está tocando el arpa amenizando el tiempo mientras dos hombres juegan al ajedrez. En otra imagen encontramos a dos mujeres sentadas jugando

35. Farmer, Henry George (1929). *A History of Arabian music to the XIIIth century*. Londres: Luzac.
36. Cortés García. Manuela (2011). «Estatus de la mujer en la cultura islámica: las esclavas cantoras (s. XI – XIX)». *Mujer vesus música*. Iniesta Masmano, Rosa (ed.). Valencia: Rivera Editores.
37. Manuscrito conservado en el monasterio del Escorial, con la signatura MS J.T6.

En los reinos cristianos medievales de la Península Ibérica,
las bailarinas y cantantes musulmanas eran muy apreciadas.

al ajedrez mientras una esclava está tocando el laúd, que era el instrumento principal con el que se acompañaban dichas esclavas cantoras.

En los documentos de la cancellería de la corte de Aragón conservados en el Archivo de la corte de Aragón en Barcelona, existen las demandas de reyes como la de Juan I de Aragón, el cazador, que, encontrándose en Monzón el 12 de junio de 1389, mandó:

> «Lo Rey. Batlle general. Com nos per nostre deport e per plaer vullam oir e veure jugar la muller de Afutley e sa mare e les altres mores joglaresses de València les pus aptes manan vos espressament que encontinent, vista la present lletra les façats venir ab lurs estruments e jochs...»[38]

Es decir, el rey pide que se le envíe desde Valencia a Monzón una serie de juglaresas musulmanas para su goce y deleite, y que lleven consigo sus instrumentos y juegos. No habla de esclavas, pero sí de juglaresas que estaban a su servicio.

---

38. Gómerz Muntané. Maricarmen (1979). *La música en la casa real catalano aragonesa. 1336 – 1442.* Vol. 1. Barcelona: Antoni Bosch editor.

Escritos y demandas similares las podemos encontrar en la documentación de los reyes Fernando de Antequera y Alfonso el Magnánimo, cuando el primero solicita el servicio de un matrimonio musulmán en el que ella danzaba. El rey pide que se los envíen desde Mislata (Valencia) a Perpiñán, hoy en Francia; mientras que el rey Alfonso ordenaba que se pagara veinte florines aragoneses de oro a una familia de bailarines, también musulmanes, indicando que eran de su casa, de la corte. Asimismo, en la documentación contable de la corte de Sancho IV de Castilla encontramos el pago a ministriles de las tres religiones: judía, musulmana y cristiana, todos hombres a excepción de dos mujeres musulmanas. En estos documentos, al igual que en los anteriores no se menciona la condición de esclavitud o libertad de dichas intérpretes, por lo que podría tratarse de músicos libres a salario.

Lo interesante de estos documentos es la preferencia por estas y estos musulmanes que cantaban, tocaban instrumentos musicales, bailaban y realizaban diferentes juegos en las cortes cristianas, herederos de los conocimientos adquiridos en las escuelas musicales islámicas, tanto por mujeres libres como, principalmente, esclavas.

## Centros de educación para señoritas en la España renacentista

Hemos visto las escuelas musicales islámicas en la Edad Media, pero en el mundo medieval cristiano había unos centros de poder y de educación musical muy interesantes, como los tutores en las cortes palaciegas y, principalmente en los monasterios, también los femeninos, que trataremos en sus respectivos capítulos.

Sabemos que la música popular se transmitía principalmente por la vía oral. Cantos de gesta, nanas, canciones infantiles y de juegos, canciones de oficio eran aprendidas de memoria y transmitidas de generación en generación. Si tomamos el dedicarse a la música como oficio, las troupes itinerantes estaban formadas por familias en las que todos los miembros participaban de una manera u otra, fuera cantando, tocando, bailando, creando la música y los textos, cosiendo vestuario y pintando decorados, usando la transmisión oral para el canto y la imitación para aprender a tocar los diferentes instrumentos y el baile.

En el Renacimiento surgieron centros de enseñanza que se ocuparon de la educación de doncellas tanto en Salamanca como en Toledo. En la capital salmantina se creó un centro que estaba vinculado con la universidad de esta ciudad. Era conocido como el Colegio de las Once Mil Vírgenes, y fue fundado en el año 1518 por Francisco Rodríguez de Varillas, sirviente del papa León X y prebendado de la catedral salmantina. El centro estuvo activo hasta el 1855. El espíritu de su fundación no fue otro que el de proporcionar educación y dote a «a donzellas, hijas de nobles padres a quien la pobreza traxo a menor fortuna». En este centro, dichas doncellas aprendieron educación musical, la cual formaba parte de las materias obligatorias propias de los Estudios Generales, junto con aritmética, retórica y gramática. Su fundador dejó un legado de 400 ducados anuales para su sustento y otorgar una dote para que una de sus doncellas pudiera casarse adecuadamente, aunque las alumnas también podían optar por ingresar en un convento. El Colegio de las Once Mil Vírgenes recibía donaciones y herencias para su sustento y labor.

Unos años después, en Toledo, el cardenal Juan Martínez de Silíceo, que fue profesor en el colegio de Arte de la Universidad de Salamanca, fundó el Colegio de Doncellas Nobles de Toledo, el cual no tenía vinculación alguna con la universidad salmantina. El colegio de Toledo fue creado para otorgar educación a las muchachas de las clases más empobrecidas de la archidiócesis de Toledo y disponía de cien plazas. Eso sí, una condición indispensable para entrar en el colegio toledano era que las alumnas no profesaran para ser religiosas, puesto que su objetivo era otorgar la dote a las muchachas para poder acceder a un buen matrimonio y no el ingreso en un monasterio o convento. El colegio obtuvo posteriormente el copatronazgo de Felipe II, lo cual motivó la abertura de plazas a doncellas de diferentes estratos sociales, pero con el mismo plan de educación. El ya Real Colegio de Doncellas de Toledo estuvo activo con los estatutos originales hasta el 1988.

## Los orfanatos venecianos

Si hablamos de centros educativos para niñas sin recursos, los más conocidos en el mundo de la historia de la música son los cuatro grandes orfanatos venecianos que acogían tanto a chicos como a chicas. Si bien ellos eran educados en algún oficio, ellas también recibían una educación para poder también trabajar cuando salieran de los orfanatos y las que tenían una buena predisposición musical recibían una educación que abarcaba el canto, el tañer instrumentos de viento, cuerda, órgano y rudimentos de composición. Se sabe que las internas de la Pietà ya cantaban en los diferentes oficios religiosos en 1682, aunque el orfanato fuera fundado como hospicio ya en 1346 por el franciscano Pietro de Asís.

Los *ospedali* o conservatorios, como también eran conocidos, estaban regulados por el gobierno de la República de Venecia y recibían fondos provenientes de impuestos, como los recaudados a los gondoleros o por donaciones tanto públicas como privadas. De hecho, el gobierno de la ciudad mandaba una serie de normas y estatutos a seguir cuanto a convivencia como la licencia de los y las internas. Por ejemplo, en 1617 cuando una interna había estado diez años tocando o cantando podía recibir una dote matrimonial de 3.000 ducados. A diferencia del Colegio de Doncellas de Toledo, una interna también recibía una dote si profesaba en algún convento. Entonces ésta se aumentaba o disminuía en virtud del estatus y rango de dicho convento. Eso sí, en caso de casarse, si la interna era música, debía renunciar a tocar en público en Venecia (salvo contadas excepciones) o, si su opción era la vida monástica, no podían entrar como músicas en ningún convento de la República. Las internas músicas, cuando cumplían veinticuatro años y se licenciaban, podían optar por entrar a formar parte del profesorado de la escuela musical del orfanato. Entonces recibían el rango de *Maestra* si era instrumentista o *Coro* si era cantante.

La educación musical en los conservatorios/orfanatos fue adquiriendo mayor importancia en el sentido que cada vez asistían más feligreses/público a las celebraciones litúrgicas, lo que posteriormente motivó la posibilidad de hacer conciertos, siendo la Pietà el más reconocido. Este centro llegó a contar con un conjunto musical formado por setenta muchachas, mientras que los otros tres orfanatos tenían una plantilla musical que llegó a unas cuarenta.

El *Ospedaletto*, que era el sobrenombre del orfanato de los *Deleritti*, el de los *Mendicanti* y el de los *Incurabili*, junto al de la *Pietà* fueron conocidos por sus conciertos, que eran una fuente importante de ingresos, por lo que los orfanatos competían entre sí para hacer los mejores conciertos y disponer del mejor profesorado y compositores. Por ello, en los cuatro centros había profesores de renombre o que alcanzaron fama allí, como Niccola Porpora, Francesco Gasparini, Adolph Hasse, Baldassare Galluppi o Antonio Vivaldi.

Aunque los orfanatos funcionaban como una clausura y las internas tenían que tocar tras una verja o una celosía, también realizaban actuaciones fuera de sus puertas. Algunas de ellas iban a tocar a salones de casas nobles o en recepciones, como la que brindó la *Procuratia dei Filarmonici* a los *Duchi dal Nord* en el siglo XVIII o el concierto de gala que se celebró en honor de la visita del Gran Duque de Rusia Pável Petrovitch, futuro zar Pablo I, y su esposa Maria Fiodorovna, y que Francesco Guardi inmortalizó en un fantástico cuadro en 1782.

Varios autores dan cuenta de las actividades musicales de los diferentes orfanatos. Uno de ellos es el musicólogo inglés Charles Burney, que en su libro *The Present State of Music in France and Italy* (1771)[39] nos explica sus experiencias en el viaje realizado a través de Francia e Italia, especialmente las musicales. Asistió a la Pietà y a los Mendicanti, de los que no escuchó nada fuera de la normalidad, pero en el Ospedaletto *(Deleritti)* escuchó cantar en diversas ocasiones a la Ferrarese de una manera que impresionó al escritor. Lo mismo le sucedió al visitar los Incurabili, donde tres cantantes: Rota, Paqua Rossi y Ortolani hicieron las delicias del público con música de Galluppi dirigida por él mismo. Unos días más tarde volvió al orfanato de los Mendicanti y pudo entrar en él. Allí realizaron un concierto privado exprofeso para el musicólogo inglés que quedó maravillado con la orquesta que estaba dirigida por una monja de edad avanzada y en la que tocaban violines, violas, violoncelos, contrabajos, trompas y clave que acompañaron a las maravillosas interpretaciones vocales de Laura Risegari, Giacoma Frari, Francesca Tomj y Antonia Lucuvihc, destacando además el sonido del violín de Antonia Cubli y el toque del clave en manos de la Maestra Francesca Rossi. No es de extrañar las sensaciones experimentadas por Burney, ya que no era habitual poder entrar en la clausura para poder gozar de un concierto. Además, las orquestas femeninas de este tipo no eran para nada habituales en otros países de Europa de aquella época, aunque en siglos anteriores hubiesen existido agrupaciones instrumentales en los conventos que tocaban en público durante los oficios.

Como curiosidad, Charles Burney nos informa del comportamiento del público y cómo los asistentes mostraban su aprobación por la música que se escuchaba, ya que ni en las iglesias ni en los orfanatos se podía aplaudir. ¿Cómo lo hacían, entonces, para mostrar su contento y aprobación sobre lo escuchado? Pues de una manera muy orgánica: ¡tosiendo, sonándose la nariz y carraspeando! ¡Qué diferente de hoy en día, cuando nos coge tos en un concierto!

Antonio Vivaldi estuvo ligado al *Ospedale della Pietà* desde que se ordenó sacerdote a los 25 años en 1703 hasta su muerte, ocurrida el 1741. Allí ejerció como profesor de violín y también de viola de gamba. En 1718 ascendió al cargo más importante dentro de los estudios musicales del centro, cuando fue nombrado «Maestro dei concerti», más conocido como «Maestro del coro», además de obtener ciertas libertades y licencias como

39. Para la realización de este libro se ha utilizado la traducción de Ramón Andres publicada en Burney, Charles (ed. 2019). *Viaje musical por francia e Italia en el s. XVIII*. Barcelona, Acantilado, Quaderns Crema S. A.

las que le permitían dejar temporalmente la docencia para dedicarse a ir de gira con sus producciones operísticas.

En la Pietà, Antonio Vivaldi pudo desarrollar sus capacidades compositivas para una orquesta realmente importante con virtuosas de varios instrumentos y canto, como Anna Maria della Pietà o del violino (1696-1782), que fue una virtuosa del violín y que además tocaba varios instrumentos más como la tiorba o la viola *d'amore*. Se conoce la gran estima que Vivaldi sentía por la que fue una de sus primeras alumnas. Su admiración era tal que cuando ella tenía dieciséis años, en 1712, le regaló un violín que costó 20 ducados. Vivaldi escribió y le dedicó más de una veintena de sus conciertos para violín y, al menos, dos de viola *d'amore* (RV 393 y RV 397), en los que el autor indicó el instrumento solista de la siguiente manera: *viola d'AMore*, es decir: escribiendo en mayúsculas las iniciales de su alumna predilecta, Anna Maria del violino, Anna Maria della Pietà.

El virtuosismo de Anna Maria motivó que no sólo Vivaldi compusiera piezas para ella, sino que otros compositores hicieron lo propio, como Giuseppe Tartini, el autor de uno de los tratados más importantes de la técnica del arco del violín barroco y que también le dedicó algunas de sus obras. La fama de Anna Maria sobrepasó las fronteras del Veneto y autores extranjeros que visitaron la ciudad y pudieron escuchar su arte, dieron noticias en sus escritos, ya fueran cartas, diarios o libros. Un ejemplo es su inclusión en la primera enciclopedia musical *Musikalisches Lexikon oder musikalische Bibliothek* (1732), en la que su autor, Johann Gottfried Walther, trata temas técnicos, bibliográficos y biográficos del mundo musical de su tiempo y la define como una italiana del Hospital de la Pietà en Venecia que toca el violín extremadamente rápido y con una rica delicadeza. No en vano Antonio Vivaldi le escribió unos conciertos aptos sólo para instrumentistas virtuosos.

AUDICIÓN: ANTONIO VIVALDI. *CONCIERTO PARA VIOLA D'AMORE, RV 393, I ALLEGRO*

*CONCIERTO PARA VIOLA D'AMORE, RV 393, II LARGO*

AUDICIÓN: ANTONIO VIVALDI. *CONCERTO PER LA SIGNORA ANNA MARIA.* (VARIOS)

Otro caso de una intérprete reconocidísima en su época procedente de uno de los orfanatos venecianos fue Maddalena Lombardini/Sirmen (1745- 1818)[40]. Hija de unos aristócratas venecianos, ingresó en el *ospedale* de los Mendicanti, el de los mendigos, a los siete años de edad cuando su familia fue a la bancarrota. En este orfanato pudo estudiar violín, del que pronto demostró sus capacidades técnicas e interpretativas. Debido a su virtuosismo, pudo salir a estudiar de manera puntual con Giuseppe Tartini primero en Venecia y después en Padua. Tartini, uno de los compositores y profesores más importantes del violín en aquellos años, la consideró su alumna predilecta y a quien dedicó su tratado *L'arte del Arco*.

Maddalena Sirmen se licenció a los veintiún años con el título de Maestra y se casó con el violinista Ludwig Sirmen, de quien tomaría su apellido a partir de entonces. Maddalena obtuvo la autorización de la Junta de Gobierno de la República de Venecia para poder continuar y desarrollar su carrera como virtuosa de violín y compositora por toda Europa.

Ambos violinistas eran expertos y brillantes instrumentistas. Sus conciertos fueron muy valorados por el público de diferentes países, especialmente de Italia, Gran Bretaña y Francia. En Londres tocaron con la orquesta de la ópera italiana en los *Concerti Spirituali*, los conciertos espirituales que tenían lugar las temporadas en las que los teatros estaban cerrados. En ellos, Maddalena Sirmen pudo tocar sus propias composiciones junto a su marido. En París tocó varias veces, donde fue aclamada su interpretación de un concierto de Viotti que exigía el uso de las técnicas violinísticas más modernas. También realizó conciertos de clavecín y canto, como la ocasión que la llevó a cantar en la corte de Dresde en 1782.

De Maddalena Sirmen se sabe que compuso un mínimo de cuarenta y seis obras para diferentes agrupaciones orquestales, como sus seis conciertos para violín y orquesta, publicados en Ámsterdam, o los seis conciertos para clavecín o pianoforte, publicados en Londres (1773 y 1785), seis sonatas, varios tercetos, conciertos para dos violines y un largo etc. Alcanzó tal fama en su época que sus composiciones se publicaron en Francia, Países Bajos, Alemania, Austria y Gran Bretaña.

Algunas de sus obras fueron reimpresas más de cinco veces y siguieron publicándose hasta sesenta años después de su muerte, un hecho nada habitual en aquella época. Este detalle nos remarca la importancia y la calidad

---

40. Puesto que muchas de las intérpretes o compositoras aparecen con apellidos diferentes, sean los de solteras o casadas en la diversa bibliografía, en este libro hemos optado por indicar ambos apellidos separados por una barra siendo el primero el de soltera y el segundo el de casada, en la primera vez que se las nombre. Posteriormente se ha utilizado el apellido más habitual en la bibliografía.

de las composiciones de Maddalena Sirmen, las cuales sobrepasaron fronteras y décadas haciendo las delicias de los instrumentistas de cuerda y del público de concierto de toda la Europa occidental mediante un virtuosismo en un estilo propio ya del Clasicismo.

Pero Maddalena Sirmen no es la única compositora que surgió de los orfanatos venecianos. Se sabe de otras de sus internas que crearon sus propias composiciones, como el caso de Santa della Pietà, Michielina della Pietà y Agata della Pietà. De Santa se sabe que fue alumna de Anna Maria della Pietà y su sucesora frente a la orquesta de este orfanato a partir de 1740. De ella se conoce que compuso música para el salmo 113 *In exitu Israel*. De Michielina della Pietà, que era organista y violinista, se conservan unas letanías para el día de Navidad compuestas en 1740 y un *Pange lingua*, compuesto el 1741. De Agata della Pietà sabemos que llegó al orfanato al poco tiempo de nacer. Su formación musical fue excelente y se especializó en canto, siendo solista y profesora de dicha disciplina. Vinculada con la escuela musical de la Pietà, fue también su administradora. De Ágata se ha conservado poca obra, algún motete y un arreglo para bajo continuo. De ella también se ha conservado el *Regali per Gregoria*, un tratado de canto pensado para su alumna Gregoria, que era contralto solista.

Las escuelas musicales de los orfanatos/conservatorios también admitían alumnas externas. Un ejemplo lo tenemos en Vicenta da Ponte, hija de una de las familias patricias de la ciudad, de la que se conserva una suite (conjunto) de cuatro danzas en una recopilación de monferrinas, danzas populares originarias de Montferrato (Piamonte) muy de moda en Italia, escritas alrededor de 1775.

Otra alumna externa de la Pietà y compositora reconocida en varios países de Europa fue Anna Bon. Era hija de un matrimonio dedicado al espectáculo que hacía giras por toda Europa. Se incorporó en la compañía de sus padres, en la que su madre, Rosa Rubinetti, cantaba y su padre, Girolamo Bon, era el director, libretista y escenógrafo. La familia Bon o Boni (depende de la documentación aparece con variaciones en el apellido) estuvo en diversas cortes centroeuropeas como la de Federico de Brandemburgo (cuñado de Federico El Grande) y en la de los Esterházy, donde coincidieron

con F. J. Haydn, que escribió algunos roles de canto para la madre de Anna. De ella se conocen varias obras de cámara especialmente para flauta travesera, bajo continuo y clave, como sus seis sonatas para dos flautas travesera y bajo continuo, dedicadas al duque bávaro Karl Theodor y publicadas en 1757 en Nuremberg.

Quizás la alumna externa más conocida de los orfanatos/conservatorios fue la mezzosoprano Faustina Bordoni/Hasse (1697 – 1781) que, según B. Garvey, estudió en uno de ellos[41], además de con profesores privados de primer rango como los hermanos Marcello. Estuvo en la compañía operística de G. F. Haendel en Londres y posteriormente se casó con Adolph Hasse. Consiguió éxitos por toda Europa cantando sus composiciones en los que hacía gala de su virtuosismo con largas y ornamentadas vocalizaciones.

Con estos ejemplos vemos que los orfanatos abrieron las puertas de sus centros de educación musical al exterior. Para las alumnas externas sería comparable a las escuelas musicales o conservatorios actuales, en los que las alumnas acudían para recibir sus lecciones de teoría e instrumento y luego regresaban a su domicilio, a diferencia de las internas que estaban en un régimen de clausura y solamente podían abandonar el centro en ocasiones puntuales y justificadas. Algunas alumnas externas, también se incorporaron al centro como internas mientras duraba su formación como el caso de Anna Bon.

## Las escuelas para señoritas de Londres

En otras ciudades italianas también existieron centros de educación musical para alumnas como, por ejemplo, el conservatorio de Loreto de Nápoles, que funcionó como escuela femenina de canto desde 1537, o centros de Bolonia o Milán. En Gran Bretaña se fundaron centros de educación para señoritas de família acomodada como las diversas escuelas-internado creadas por Josias Priest como la de Holborn (1668), la de Leicester (1675) y la de Chelsea (1680), en la que se interpretó la obra que se considera la primera ópera inglesa *Venus y Adonis*, del compositor

41. Garvey Jackson, Barbara (2001). «Musical women of the seventh and eighteenth centuries». Pendle, Karin (ed.) (1991 - 2001). *Women & music. A history*. 2a. Edición. Bloomington e Indianapolis: Indiana University Press, pp. 97 – 144.

John Blow, y nueve años después, se estrenó la que sería la ópera inglesa más importante en mucho tiempo, *Dido y Eneas* (1689) de Henry Purcell. En las escuelas de Mr. Priest, las niñas recibían una exquisita educación que incluía la danza y la música, como hemos visto con el caso de la de Chelsea.

Se sabe que todos los roles de *Venus y Adonis* fueron interpretados por las alumnas del centro londinense puesto que en un libreto impreso para ese día encontramos escrito a mano: «Mr. Priest's Daughter acted Adonis», es decir: «La hija de Mr. Priest interpretó a Adonis». Luego indica las señoritas que hicieron el papel de Venus y el de Cupido.

En el caso de *Dido y Eneas*, no tenemos la especificación de la interpretación de los papeles, ni siquiera si actuaron hombres en los roles masculinos de Eneas, el marinero y en los coros, o se realizó siguiendo el ejemplo de *Venus y Adonis*. De *Dido y Eneas* se conserva una edición impresa del libreto de 1689 con el título y los siguientes créditos: «An opera perform'd at Mr. Josias Priest's Boarding School at Chelsey by young Gentlewomen. The words made by Mr. Nahum Tate. The music composed by Mr. Henry Purcel», en los que nos indica el lugar, el autor del texto y el compositor de la música y además by *Young gentlewomen*, por jóvenes señoritas. ¿Entonces la representaron las señoritas alumnas? ¿Sólo representaron los roles femeninos? Son preguntas de las que aún no se dispone de una respuesta clara.

AUDICIÓN: HENRY PURCELL. *DIDO Y ENEAS WHEN I AM LAID IN EARTH.* (LAMENTO DE DIDO)

## Escuelas mixtas de Centroeuropa

En Saint-Cyr, en Francia, se abrió una escuela mixta en el siglo XVIII. En ella el alumnado recibía una exquisita educación que aunaba todo el saber para las familias bien acomodadas del Antiguo Régimen. La parte musical era aprendida mediante el solfeo, el tañer instrumentos y conocer armonía y composición. Otros centros musicales surgidos en Europa serían las escuelas musicales mixtas de Berlín y Leipzig. Adam Hiller, ferviente defensor de los coros mixtos incluso en la música de iglesia, abrió una escuela de canto en Leipzig en 1771 para preparar a sus cantantes, tanto hombres como mujeres. Una de sus alumnas fue la compositora de lieder Corona Schröter (1751–1802).

AUDICIÓN:
CORONA
SCHRÖTER.
ERLKONIG

Carl Friedrich Christian Frash inauguró la Academia de Canto de Berlín en 1790, en la que admitió tanto a músicos amateurs bien preparados como a profesionales que querían perfeccionar. Su defensa de los coros mixtos, amén de sus composiciones y su manera de trabajar con ambos, marcó un hito que sirvió de modelo a las sociedades corales venideras de la música occidental, que encontró en los centros de Berlín y Leipzig un modelo a seguir con la integración de las mujeres en las sociedades corales ampliando su actividad fuera de las escenas operísticas, aunque el proceso ha sido realmente muy lento.

## Las academias privadas

En general, las mujeres aprendían música en casa durante la infancia y la adolescencia. Lo habitual era que no se dedicasen a ella una vez contraído matrimonio, salvo algunas excepciones que hemos visto, sino que la practicaran puertas adentro, en el hogar. Algunas de estas mujeres abrieron salones en las principales ciudades europeas tal como nos informa Charles Burney en sus libros de viajes, donde nos indica que, en dichos salones, se hacía música tanto propia como de otros compositores y tocaban ellas y sus visitas. En Viena se abrieron una serie de academias de música privadas en este tipo de salones. Una de estas academias fue la que creó Marianne von Martínez (1774–1812), que era una excelente intérprete y compositora que cuenta en su haber oratorios, piezas vocales, orquestales, de cámara, varias

AUDICIÓN:
MARIANNE VON
MARTÍNEZ.
SONATA EN LA
M, I ALLEGRO.

piezas sacras, conciertos para piano y para clave. Marianne había estudiado con A. Hasse, N. Porpora, gracias a la intervención de su vecino Metastasio y también estudió con el por aquel entonces joven F. J. Haydn, que también vivía en su mismo edificio. Conoció a W. A. Mozart, quien compuso varias sonatas para tecla a cuatro manos para interpretarlas junto a ella. Marianne von Martínez abrió su escuela de canto en 1776 en la que instruyó a coristas y cantantes solistas amateurs y profesionales.

Otra academia privada similar a la de Marianne von Martínez fue la que abrió Maria Theresia

Maria Theresia von Paradís estudió canto, piano, contrapunto, composición, armonía y bajo cifrado con los mejores profesores de la Viena imperial.

Paradís (1759 – 1824). Maria Theresia, que se quedó ciega a muy pronta edad, fue una de las compositoras más prolíficas del cambio de siglo XVIII al XIX. Estudió canto, piano, contrapunto, composición, armonía y bajo cifrado con los mejores profesores de la Viena imperial como Salieri o Friberth. Para ella compuso W. A. Mozart uno de sus conciertos para piano y Salieri su único concierto para órgano. Maria Theresia compuso tres cantatas y al menos cinco óperas, varios conciertos y piezas de cámara para piano como sonatas y un trio, además de diversos *lieder*. Como suele suceder, desafortunadamente muy pocas de sus obras han llegado hasta nuestros días por no haberse publicado y circular sólo como manuscritos. Su salón de Viena era muy conocido y recibía visitas que asistían para poder disfrutar de una óptima velada musical. Maria Theresia

**AUDICIÓN:**
**MARIA THERESIA PARADÍS. SICILIENNE.**

fundó su academia de música en 1808 donde enseñó piano a muchas mujeres que fueron sobresalientes en su técnica interpretativa, también enseñó música a alumnos ciegos como ella. Maria Theresia von Paradís también fue una destacada compositora de ópera.

Louise Reichardt (1779–1826), hija de una familia dedicada al mundo de la música, es un modelo de compositora independiente, es decir que no dependía del sueldo de ningún protector, sino que se valía de su trabajo como una persona emancipada. Debido a su situación personal y a dramáticas experiencias vividas (perdió a sus dos prometidos poco antes de la boda), dejó a su familia en Berlín y se trasladó a Hamburgo donde se ganaba el sustento gracias a su labor como compositora, profesora y directora coral. Fundó una escuela de canto privada en Hamburgo y también creó la sociedad coral de esta ciudad, aunque desafortunadamente solamente pudo preparar los ensayos y nunca llegó a dirigir a su coro en público debido a las normas sociales y a las consideraciones peyorativas hacia una mujer que se expusiera en un escenario.

AUDICIÓN:
LOUISE
REICHARDT
UNRUHIGER
SCHLAF

Cabe recordar la supremacía social del hombre frente a la mujer durante esta época. Cada uno tenía sus propios roles y una mujer tocando o dirigiendo en público, como en este caso, no estaba bien visto socialmente. Las ideas de diversos teóricos y filósofos de los siglos XVIII y XIX influían en este sentido, especialmente en el campo de las artes. Uno de estos teóricos era Jean Jacques Rousseau, cuyas teorías todavía estaban vigentes. El filósofo y pedagogo escribió sobre la educación de la mujer indicando que ésta:

> «Debía ser siempre relativa a la de los hombres. Para agradar, para ser útil, para amarlas y agradarlas, para educarnos de pequeños, para cuidarnos cuando seamos mayores, para aconsejar, para consolarnos, para hacer nuestras vidas fáciles y agradables. Estos son los deberes de las mujeres en todo momento y que deben enseñarse en su infancia».[42]

---

42. Citron Marcia J. (1987). «Women and the lied, 1775 - 1850». Bowers, Jane; Tick, Judith (ed.) (1986). *Women making music: The western art tradition, 1150 – 1950*). Edición de 1987. Urbana y Chicago: University of Illinois Press, pp. 225 – 226.

Clara Schumann (1819–1896) se dedicó a la composición e interpretación y también a la docencia en un centro oficial.

Es decir que la educación femenina debía servir para alcanzar los objetivos de ser una buena esposa, ama de casa y madre. Rousseau también publicó que las mujeres, en general, no poseían sensibilidad artística y otras ideas de estas características. J. Campe escribió también que: «…la artista más lograda hace una pobre esposa, una pobre ama de casa y una pobre madre»[43]. Las ideas de estos pensadores y otros de su estilo estaban en boga en la sociedad occidental a lo largo del siglo XIX y XX, por lo que muchas mujeres aprendían música para el uso doméstico y dejaban de actuar en público en el momento de casarse. Aun así, la música fue la ayuda de muchas mujeres que enviudaron y pudieron subsistir gracias a dar clases o trabajar como copistas. Hubo excepciones, como Fanny Mendelssohn/Hensel (1807–1847) y Clara Wieck/Schumann (1819–1896), que se dedicaron a la composición e interpretación y, en el caso de Clara Schumann, también a la docencia en un centro oficial. Trataremos a ambas en el capítulo *Pioneras y luchadoras*.

---

43. *Íbidem.*

## La educación femenina de los primeros conservatorios

Durante el siglo XIX el acceso a la formación en los conservatorios y escuelas no siempre fue fácil para las mujeres. Conservatorios como el de París, que se fundó en 1795 bajo los ideales de la Revolución, entendían que las mujeres podían formar parte de su alumnado y la Royal Academy of Music de Londres, fundada en 1823 tenía un repartimiento paritario entre chicos y chicas, admitiendo el mismo número de alumnado por cada género. Otros como los de Milán, Bruselas, Berlín, Dresde, Frankfurt o Berna, por citar algunos, admitían a chicas como alumnas, pero hacían las lecciones segregadas en edificios distintos o en diferentes días de la semana, aunque algunos conservatorios permitían clases mixtas como las lecciones de coro mixto o la orquesta del conservatorio, pero eso no ocurría en todos los centros. Ellas estudiaban para ser maestras de música o intérpretes y no compositoras o directoras. Sus lecciones comprendían solfeo, piano, canto y/o arpa. A partir de 1870 empezaron a ser admitidas también en las clases de violín, composición y orquestación.

AUDICIÓN:
JOSEPHINE LANG
WIE GLÄNZT
SO HELL

Anteriormente (y durante), los conocimientos a los que no tenían acceso las alumnas en los centros oficiales eran adquiridos mediante clases particulares, bien con alguien del entorno familiar: padres, madres, tíos…, o con tutores y tutoras externos. Ejemplos de estas alumnas serían Louise Reichardt, que hemos visto anteriormente y que era hija de un matrimonio de compositores, o Josephine Lang (1815-1880) que estudió composición de forma autodidacta y que llegó a publicar más de ciento cincuenta Lied.

Hay que tener en cuenta que, aunque pudieran estudiar estas asignaturas de una manera u otra, esto no significa que la sociedad decimonónica admitiera abiertamente a estas mujeres compositoras y, desdichadamente, sus oportunidades de desarrollo profesional eran más bien pocas. Clara Schumann (1819–1896) escribió que alguna vez pensó que poseía algún talento creativo, pero que tenía que quitarse esta idea de la cabeza puesto que una mujer no debía desear componer y, si ninguna lo había hecho antes, ¿por qué debería esperar poder hacerlo ella? ¡Clara Schumann es una de las compositoras e intérprete más importantes del Romanticismo! Imaginémonos qué debían pensar otras mujeres que querían componer… La presión social y la educación recibida eran importantísimas puesto que la vida de las mujeres dependía de las decisiones de los padres, hermanos, maridos e hijos y no era tan fácil romper con las normas sociales. Pese a ello, el haber compositivo de Clara Schumann contiene una sesentena de piezas para orquesta, música de cámara y vocal. Clara dejó de componer al casarse con el compositor Robert Schumann a los veinte años, un día antes de su mayoría de edad, que era a los 21.

AUDICIÓN: **CLARA WIECK/ SCHUMANN TRIO EN SOL MENOR. OP. 17, III, ANDANTE.**

Fue una gran concertista que realizó cerca de 1.300 conciertos entre 1831 y 1889, es decir, ¡un concierto cada dos o tres días!, muchos de ellos interpretando la obra de su marido Robert Schumann y también la de Johannes Brahms, además de innumerables conciertos con el violinista Joseph Joachim o con el cantante Julius Stockhausen.

Las mujeres que tenían acceso como profesoras en los conservatorios daban sus lecciones a alumnas, mientras que los hombres podían dar sus lecciones a ambos sexos. Existían otras variaciones entre ser un profesor o una profesora, como la brecha salarial, aunque había excepciones como Clara Schumann que, debido a su prestigio, gozaban de condiciones diferentes. Para los alumnos de Clara era un honor poder asistir a sus clases en el conservatorio de Frankfurt. Pauline García/Viardot, Marie Pleyel o Louise Farenc son algunos ejemplos de concertistas que desarrollaron también una carrera docente en conservatorios.

## Cantantes y profesoras comprometidas con la sociedad

Algunas profesoras que tuvieron una gran carrera como intérpretes realizaron labores filantrópicas, como el caso de la soprano sueca Jenny Lind (1820–1887), muy reconocida en toda Europa, especialmente en los circuitos nórdicos. Muy próxima al círculo de Félix Mendelssohn, causó la admiración de Meyerbeer, Berlioz y Schumann. En 1849 se retiró de los escenarios operísticos y se dedicó a cantar recitales, siendo una de las primeras cantantes de este repertorio. Un año después, en 1850, empezó una gira por Estados Unidos donde tenía programados ciento cincuenta conciertos de los cuales hizo una sesentena. En 1852 regresó a Europa, y donó gran parte del dinero que ganó en su gira norteamericana para fundar escuelas gratuitas en su país natal, Suecia.

Posteriormente, Jenny Lind se retiró a Londres donde trabajó como profesora de canto, solfeo, piano y armonía en el Royal College of Music Londinense y continuó con sus obras benéficas. En la capital británica podemos hallar diversas placas honoríficas recordando su labor caritativa, y por ello también se incluyó su retrato en los billetes de cincuenta coronas suecas o en los sellos de una corona. La película *El gran showman* (*The greatest showman*, 2017), muestra a Jenny Lind y su éxito en Estados Unidos,

**AUDICIÓN: TRADICIONAL JENNY LIND POLKA**

donde arrasaba con sus conciertos y generó un movimiento de masas tipo fans, conocido como la Lindmanía. El momento de la película en el que Jenny, interpretada por Rebecca Ferguson y voz de Loren Allred, canta el tema *Never enough* (compuesta por Benj Pasek y Justin Paul para la película) recuerda a un dibujo conservado de su estreno en Estados Unidos, en Castle Garden (hoy Castle Clinton), en Nueva York, el 11 de septiembre de 1850, con una sala llena de gente. Danzas, locales como teatros y hoteles, incluso barcos a vapor o locomotoras llevaron el nombre de Jenny Lind.

**AUDICIÓN: MARÍA BARRIENTOS. GRABACIÓN HISTÓRICA DE 1916. CHARLES GONOUD. MIREILLE: O LÉGÈRE HIRONDELLE**

Otra cantante muy admirada por el público europeo y americano y que donó parte de sus ganancias como artista fue la soprano de coloratura y de fama internacional María Barrientos Llopis (1884–1946), que fundó el *Premio de Canto de la Escuela Municipal de Música de Barcelona* (centro en el que se formó), que otorgaba una beca para poder continuar los estudios en un centro extranjero, tal como ella pudo hacer en el conservatorio de Milán a principios del siglo XX. En 1924 Barrientos se trasladó a Argentina y allí ocupó la cátedra de canto del Teatro Colón de Buenos Aires.

María Barrientos labró una carrera musical excepcional dedicando gran parte de ella a la música de ópera en los teatros más importantes de Europa y de todo el continente americano. Dedicó sus últimos años a cantar recitales y devino musa de Enrique Granados y de Manuel de Falla.

AUDICIÓN:
MARÍA
BARRIENTOS
Y MANUEL
DE FALLA.
GRABACIÓN
HISTÓRICA.
COMPOSICIÓN:
MANUEL
DE FALLA.
VOZ: MARÍA
BARRIENTOS.
PIANO: MANUEL
DE FALLA.
*SIETE CANCIONES
POPULARES
ESPAÑOLAS.
4, JOTA.*

María Barrientos labró una carrera musical excepcional en los teatros más importantes de Europa y de todo el continente americano.

María Barrientos estudió en la Escola Municipal de Música de Barcelona, actual Conservatori Municipal. Esta ciudad, además del Conservatori del Liceu, ambos fundados en el s. XIX, tuvo un conservatorio exclusivamente femenino creado a principios de siglo XX y activo hasta 1933. En él estudiaban las hijas de familias acomodadas de la ciudad. Dirigido por Isabel de la Calle desde sus inicios, en el Conservatori Femení (llamado Conservatorio S.A.R. Infanta Isabel, por gozar del patrocinio de ésta entre 1916 hasta 1930, aprox.) se impartían clases de idiomas, rítmica, piano, violín, violonchelo, canto, guitarra, arpa, mandolina, solfeo, armonía y teoría musical entre otras asignaturas. De dicho conservatorio femenino surgió la Orquesta Femenina de Barcelona que estuvo activa desde 1932 hasta las décadas de 1960–1970, cuando hacían conciertos cada vez más esporádicos. En la calle Montseny, esquina Gran de Gracia, en Barcelona, aun se puede encontrar un cartel de baldosas cerámicas que indica la ubicación del centro. Se amplía más información en el capítulo *¡Mujeres en la orquesta!*

# 'Mademoiselle' Nadia Boulanger

Concluir este capítulo, aun a sabiendas que quedan muchas profesoras por indicar ¡a cuál más interesante e importante!, no podía hacerse sino tratando de una gran pianista, compositora, una de las primeras directoras de orquesta y una gran pedagoga como fue Nadia Boulanger (1887–1979), conocida como *Mademoiselle*. Hija y nieta de músicos, hermana de la compositora Lili Boulanger, fue uno de los referentes de la educación musical, especialmente del análisis, pero también de la interpretación y de la composición del siglo XX. Nadia, con un gran talento creativo, dejó de componer poco tiempo después de fallecer su hermana en 1918.

Es un ejemplo de profesora en centros oficiales como el Conservatoire Femina - Musica de París (1907) en el que impartió clases de piano y de acompañamiento y en la École Normale de Musique, también de París, donde enseñó historia de la música, análisis, contrapunto, armonía, órgano

AUDICIÓN:
NADIA
BOULANGER
TROIS
PIÈCES POUR
VIOLONCELLE ET
PIANO. NÚM. 1,
MODÉRÉ

y composición. Fue profesora del conservatorio norteamericano de Fontainebleau en 1921, del que fue directora, además de ser profesora de acompañamiento en el Conservatorio de París de 1946 a 1957. Durante la Segunda Guerra Mundial se refugió en Estados Unidos donde enseñó en el Wellesley College, en el Radcliffe College y en la Juilliard School. Allí también dirigió la orquesta sinfónica de Boston y la orquesta de Filadelfia y la de Nueva York. Antes, había sido la primera mujer en dirigir a la London Philharmonic Orchestra. Sucedió en París el año 1936. Nadia Boulanger obtuvo diversos premios y distinciones durante toda su vida, además del cariño y afecto de su alumnado.

*Mademoiselle* Boulanger empezó bien pronto a impartir clases y, como hemos visto, en varios centros reconocidos del siglo XX, pero su docencia más importante se llevaba a cabo en el salón de su piso parisino de la Rue Ballu los miércoles a partir de las tres de la tarde. *Mademoiselle* Boulanger ofreció allí sus clases de análisis musical desde los dieciséis años hasta poco antes de fallecer, y en ellas se analizaban diversas piezas de varios estilos y épocas que se trabajaban por trimestre. Las lecciones eran individuales, pero se realizaban con todo el grupo de alumnos. Unos aprendían de los otros viendo el desarrollo de la clase de cualquier compañero/a. Las edades de su alumnado eran de lo más diversas, desde niños a adultos ya profesionales, que iban al piso de *Mademoiselle* Boulanger a aprender y, especialmente, a perfeccionar sus conocimientos.

*Mademoiselle* además revisaba y daba su opinión sobre las composiciones que su alumnado le interpretaba. Cabe destacar que siempre intentó programar música de sus alumnos y de su hermana Lili en sus innumerables conciertos. La mayoría de compositores y compositoras, además de directores y directoras de orquesta más prestigiosos del siglo XX pasaron por su salón de la Rue Ballu de París. Algunos de sus alumnos fueron su hermana Lili Boulanger, Aaron Copland, Yehudi Menuhin, Leonard Bernstein, María de Pablos, Virgil

Nadia Boulanger fue uno de los referentes de la educación musical europea en el siglo XX.

**PELÍCULA RECOMENDADA:**
*MADEMOISELLE*. DOCUMENTAL.
DIR. BRUNO MONSAINGEON, 1977.
NAXOS DVD, 2007. 60'.

Thompson, Eliot Carter, Walter Piston, Louise Vosgerchian, John Eliot Gardiner, Bruno Gillet, Daniel Baremboin o Astor Piazzola, por citar solo a algunos.

Bruno Monsaingeon rodó el documental *Mademoiselle* en 1977 y escribió un libro en el que plasma conversaciones con Nadia Boulanger, algunas de las cuales se pueden escuchar por ella misma, así como en voz de algunos de sus alumnos más conocidos. En la publicación, traducida al español y publicada el 2018 por editorial Acantilado bajo el título «*Mademoiselle*». *Conversaciones con Nadia Boulanger*, encontramos reflexiones profundas sobre la música del siglo XX, además de sus comentarios sobre algunos alumnos que pasaron por su salón y que han devenido grandes representantes de la música.

# ¡Mujeres en la orquesta!
# La presencia femenina
# en agrupaciones musicales

La presencia de mujeres en los conjuntos musicales ha ido aumentando a medida que avanza el tiempo. La creación de nuevas formaciones, la modificación de los estatutos de agrupaciones históricas, unidos a los cambios sociales, hacen que la presencia femenina en las agrupaciones musicales sea cada vez mayor. Pero ¿siempre ha sido así? ¿Desde cuándo? En las siguientes páginas intentaré dar respuesta a estas preguntas que tienen muchas variantes según qué épocas y estilos de música occidental tratemos, ya que no es lo mismo hablar de una orquesta sinfónica, de un conjunto de música pop o de un grupo de habaneras.

En varios capítulos vemos agrupaciones femeninas como las orquestas y coros de monjas al tratar la música de los conventos en su respectivo capítulo, o las orquestas de los orfanatos venecianos y las primeras formaciones corales mixtas fruto de las escuelas musicales privadas de canto en el área germánica, ambas en el capítulo dedicado a los centros de enseñanza musical. En este, nos centraremos en lo que serían las orquestas de capillas privadas en la nobleza y de altos cargos de la cúria, o las de teatro y salas de concierto, principalmente.

Debido a unas creencias religiosas que relacionaban el baile y a las mujeres con el pecado, por la idea de la persuasión de Salomé y al encanto cual modo de sirenas, unido a unas estrictas normas sociales y las connotaciones peyorativas que debían soportar las mujeres que actuaban sobre las tablas de un escenario, se solía excluir a estas de las plantillas de las orquestas profesionales. Cabe tener en cuenta que no eran consideradas igual las cantantes de una corte a las de una compañía de teatro, por ejemplo y que, entre estas últimas, había también categorías y distinciones. La educación y la sociedad del momento favorecían la idea que una mujer casada o soltera que se preciase no podía percibir ningún tipo de salario y mucho menos exhibirse o mostrarse en público, puesto que ello afectaba tanto a su posición social como al decoro que se les demandaba.

Aun así, encontramos mujeres que tocaban en conjuntos musicales familiares como el *Concerto Caccini*, en el que encontramos a todos los miembros de la familia Caccini, entre los cuales Francesca y Settimia Caccini, que cantaban y acompañaban con instrumentos las actuaciones junto a los otros miembros de su familia. Lo mismo sucedía con Anna Bon con la compañía de sus padres, o a Europa Rossi, haciendo lo propio, por citar algunos ejemplos de familias musicales. Estas agrupaciones familiares fueron frecuentes en las cortes italianas del Renacimiento y Barroco. Lo mismo sucedía en las casas nobles de Gran Bretaña y del resto de la Europa occidental.

Varias cortes de prestigio tenían sus agrupaciones musicales propias y, si bien integraban mujeres, éstas no cantaban nunca en los oficios religiosos. Cabe decir que las familias más poderosas tenían dos capillas o agrupaciones musicales diferentes: una dedicada a los oficios y celebraciones religiosas que cantaban en una iglesia de su protección o en la propia capilla de palacio y otra agrupación privada, que era la que realizaba la música en los espacios palaciegos con música circunstancial para el entretenimiento de los miembros de la corte. Algunos músicos masculinos compartían trabajo en ambas agrupaciones, pero eso no sucedía con las mujeres, aunque ha habido alguna excepción, como veremos.

## Musica secreta. *Concerto delle donne*

En Italia surgieron las capillas musicales que interpretaban lo que se conoce como *música secreta*. Hubo diferentes cortes como la de Ferrara, Florencia y palacios de altos miembros de la curia como cardenales o papas que también tenían su capilla de música secreta. ¿Por qué música secreta? La música palaciega, el patronazgo y mecenazgo, como el resto de las artes, era una ostentación de poder y riqueza por la que competían las diferentes familias. Músicos, cantantes, compositores, pintores, escritores, escultores, arquitectos, ebanistas y demás oficios eran deseados por las familias más

Alfonso II de Este. Anónimo final del siglo XVI.
Metropolitan Museum of Art de Nueva York.

poderosas que, a la vez de hacer de mecenas, utilizaban las creaciones de
sus artistas para impresionar a sus invitados. La música era secreta, creada
única y exclusivamente para aquellas y aquellos cantantes e intérpretes. No
estaba publicada en ninguna parte y, por ello, era interpretada de memoria,
por lo que era casi imposible reproducirla en cualquier otra parte con otro
conjunto musical.

Quizás una de las más conocidas sea la capilla musical de Alfonso de
Este, en Ferrara. Conocida como *Concerto delle Donne*, estuvo integrada por
diferentes miembros, también por un hombre en su inicio, todos miembros de la corte.

No voy a extenderme mucho puesto que el conjunto de Ferrara ha sido
estudiado ampliamente en diversos artículos, posts y libros, a los que remito quien desee conocer más de su historia. En 1557, el *concerto* estaba formado por las hermanas Lucrezia e Isabella Bendidio, Leonora Sanvitale y
Vittoria Bentivoglio-Cibo. Esta agrupación realizaba sus interpretaciones
de manera que tanto cantaban como se acompañaban con instrumentos

Las cantantes hacían gala de su técnica y capacidad vocal, ornamentando el canto de la línea melódica con una gran cantidad de notas.

AUDICIÓN:
LUZZASCO
LUZZASCHI.
MADRIGALI
*AURA SOAVE*

de cuerda y/o tecla, además de bailar. A estas damas de la corte se añadió el bajo Giulio Cesare Brancaccio, un soldado con una voz de bajo que recibió ofertas para integrarse en las capillas musicales de algunas de las mejores cortes europeas de su época.

Con el matrimonio del duque Alfonso II de Este con Margarita Gonzaga, el 1579, el duque reformó el grupo musical para séquito de su joven esposa y contrató como cantantes a jóvenes procedentes de la baja nobleza o hijas de artistas importantes. Estas cantantes formaron parte del grupo de damas de compañía de la joven duquesa y entre ellas había tres sopranos selectísimas: Laura Peverara (1563–1600) que además era una conocida virtuosa del arpa, compositora e instruida en letras y latín; Livia d'Arco (1565–1611) que también tañía la viola de gamba y Anna Guarini (1563–1598), hija del conocido poeta G. B. Guarini, que tañía el laúd. Aparte de estas tres virtuosas de la música, encontramos a otras damas de la corte que colaboraron con el conjunto, como Tarquinia Molza (1542–1617), que antes de los dieciséis años había estudiado griego, latín, hebreo y filosofía. También estudió con el científico G. Polizano y poesía con F. Patrizio y astronomía con el matemático Antonio Guarini. Una instrucción completísima que abarcaba todas las ramas del saber: filosofía, arte, literatura, ciencias, física y matemáticas. Completaban el conjunto la cantante Eleonora Sanvitale y Beatrice Bordone, que fue la musa del insigne poeta italiano Torquato Tasso. Como vemos, un conjunto formado por varias mujeres con un altísimo nivel de conocimientos musicales y académicos. El primer concierto que realizaron fue el 20 de noviembre de 1580.

**AUDICIÓN:** LODOVICO AGOSTINI. IL TERZO LIBRO DI MADRIGALI. *CANTAN GLI AUGELI CONTENTI*

**AUDICIÓN:** LUZZASCO LUZZASCHI. MADRIGALI *T'AMO MIA VITA*

Para ellas, ya fuera a título individual, pues no debemos olvidar que su fama era tal como lo podría ser hoy en día el de una gran diva de la música, como para el conjunto *delle donne*, se escribieron varios textos laudatorios como los de Tasso, y varias composiciones, como *Il Terzo libro di madrigali* de Lodovico Agostini, el *Settimo libro di madrigali a cinque*, de Giaches de Wert o *Il primo libro a sei* de Luca Marenzio, aparte de madrigales de Carlo di Gesualdo, entre otros.

Quizás la composición más significativa relacionada con el concerto *delle donne* de Ferrara sean los *Madrigali* de Luzzasco Luzzaschi que fueron publicados en 1601 una vez muerto el duque sin descendencia (1597), disuelta la corte y la integración del territorio de Ferrara a los Estados Pontificios. Estos madrigales contienen la misteriosa y fascinante música secreta que el compositor creó exprofeso para el conjunto a partir de 1580 y que, por orden expresa del duque, no se podía imprimir y era interpretada de memoria, la *musica segretta*.

En las composiciones de Luzzaschi encontramos el peculiar *stile fiamma* donde las cantantes, como Anna Guarini, hacían gala de su técnica y capacidad vocal, ornamentando el canto de la línea melódica con una gran cantidad de notas sobre una vocal. Además, son un ejemplo del uso de la voz de soprano femenina solista, que todavía no era muy habitual, por lo que sorprendía a los selectos visitantes escogidos en las audiciones

AUDICIÓN:
LUZZASCO
LUZZASCHI.
MADRIGALI
*CH'IO NON T'AMI
COR MIO*

*Ch'io non t'ami cor mio.* Luzzasco Luzzaschi. Madrigali (1601), p. 7 (fragmento).

de estas damas de la música. En el siguiente ejemplo, que se completa con la audición de la pieza *Ch'io no t'ami cor mio*, podemos observar la técnica virtuosística del canto en *stile fiamma*.

Poseer esta técnica de canto exigía una dedicación completa, con largas jornadas de ensayos y plena disponibilidad para poder ser solicitadas para cantar y tocar en las estancias ducales. Cada día realizaban un concierto al atardecer de unas tres horas de duración, pero esto podía variar hasta incluso seis horas de concierto. Además, no estaba bien aceptado que una dama de compañía de la duquesa fuera soltera. Eso se solucionó rápido arreglando matrimonios cuando fuese necesario. Este hecho era común no solamente en esta corte, sino en todas las europeas. Sirva de ejemplo el caso de la pintora Sofonisba Anguissola en la corte de Felipe II e Isabel de Valois.

Así pues, las componentes del grupo eran libres en cierto sentido, pero al fin y al cabo no dejaban de ser sirvientas al deseo de los duques, puesto que debían estar disponibles y dependían de las voluntades de sus soberanos. Por ejemplo, tenemos el caso del bajo Brancaccio, caballero y soldado forjado en la guerra con una voz espectacular que entró a formar parte del conjunto musical. Fue contratado como cantante y no como soldado. Él no estaba del todo conforme con esta situación, puesto que no soportaba demasiado el estar a disposición de las órdenes y caprichos de sus patronos. Después de algunos desencuentros, finalmente fue despedido y expulsado de la corte por negarse a cantar en un acto para la duquesa de Joyeuse.

Tarquinia Molza fue víctima del espionaje cortesano. Enamorada del compositor de la corte de Mantua, Giaches de Wert, mantuvieron un romance secreto que fue desvelado cuando se interceptaron sus cartas de amor. Aunque los dos entonces eran ya viudos, no pudieron continuar abiertamente su historia de amor por ser ella de origen noble (una nobleza menor) y él, aunque compositor, un siervo. Un escándalo inaceptable que hizo que Tarquinia Molza fuera expulsada de la corte de Ferrara en 1589. Tarquinia Molza

AUDICIÓN: LUZZASCO LUZZASCHI. MADRIGALI *O DOLCEZZ' AMARISSIME D'AMORE*

fue la primera mujer en obtener la ciudadanía romana en el año 1600, la cual le fue otorgada excepcionalmente por sus conocimientos, saberes y aptitudes. Era conocida como la Única, pues por el momento era la única mujer con el título de ciudadana de Roma.

Otro ejemplo del dominio o poder sobre el destino de sus cantantes lo tenemos cuando Ercole Trotti, marido de Anna Guarini, quiso matarla por un ataque de celos y ego herido. En ese instante, el duque Alfonso salió en defensa de su protegida y admirada cantante. Anna estaría a salvo mientras el duque viviera. Desgraciadamente, al poco tiempo de la muerte del duque, Ercole Trotti junto con su hermano, entraron de noche en los aposentos de Anna Guarini donde ella estaba durmiendo y la asesinaron terrible y cruelmente, cumpliendo así su aterradora venganza.

La corte de Ferrara junto con su conjunto musical, no escapaba de las intrigas palaciegas que eran extensibles al resto de cortes europeas y palacios de la curia. Existen varios testimonios de músicos que se sentían menospreciados por ser tratados como meros sirvientes en diferentes cortes y palacios. Quizás uno de los más conocidos sea el caso de Claudio Monteverdi que junto con su esposa Claudia Cattanei formaban parte de la capilla musical de la corte mantuana, él como violista y posteriormente compositor y ella como cantante. En unas cartas, Monteverdi se queja del trato que recibe y de tener que comer en la cocina de palacio con los demás sirvientes. Él quería que su labor creativa y artística fuera reconocida más allá de un simple servicio de entretenimiento.

*La intérprete de música.* Bartholomeus van der Helst (1662)
En esta pintura observamos a una mujer música afinando una tiorba
con una viola da gamba. Metropolitan Museum of Art. Nueva York.

## Pequeñas orquestas en salones privados

El hecho que una mujer que no estuviera en una agrupación musical de un palacio cobrara por hacer música llevaba consigo una carga peyorativa pues a menudo se vinculaba el canto y el baile con la prostitución. Ello conllevó que algunas damas realizaran conciertos públicos con pequeñas agrupaciones en sus salones. Una de ellas fue Leonora Baroni (1611–1670). Conocida como *Adrianella*, de pequeña era ya admirada por su don al canto y sembró admiración en diversas ciudades en las que actuó. Leonora llegó a ser la cantante más destacada en la corte de los Gonzaga de Mantua. Además de cantar, Leonora tocaba el laúd, la viola de gamba y la tiorba.

En 1639 se publicó *Applausi poetici alle glorie della signora Leonora Baroni*, una colección de poemas laudatorios en honor a su arte musical, el cual inspiró a un grupo de poetas romanos autores de los textos.

Leonora Baroni se casó con Julio Cesare Castegliani, que era el secretario del cardenal Barberini, una de las más influyentes familias de la península Itálica. El matrimonio con un hombre bien posicionado conllevó dejar de trabajar como música en cortes nobles. Debido a ello, Leonora Baroni trasladó sus conciertos a su domicilio, donde cantaba acompañándose del laúd. No lo hacía sola, sino que juntamente a ella, su madre tocaba la lira y Caterina, su hija pequeña, tañía el arpa. Un trío de cuerdas formado por las damas de una misma familia, creado por una auténtica profesional ampliamente admirada.

Otro ejemplo de una orquesta familiar que tocaba en el ámbito doméstico lo encontramos en Elizabet-Sophie Chéron (1648–1711), mujer de una capacidad artística formidable que destacó por sus creaciones literarias y pictóricas. Aunque era muy buena música, se desconoce si también se dedicó a la composición. Sus méritos artísticos le abrieron las puertas de *l'Academie Royale de Peinture et Sculpture* en 1672, siendo la primera mujer en formar parte de esta institución. Luis XIV también le otorgó una pensión. Fuera de Francia, en 1699, fue nombrada miembro de la *Accademia dei Ricovrati* de Padua debido a su talento literario.

En su salón se hacían sesiones de debate sobre literatura y pintura y, al final de estos, era habitual que se realizase un concierto en el cual, tanto Elisabet-Sophie Chéron como sus sobrinas Úrsula y Jeanne de la Croix interpretaban música al son de varios instrumentos de cuerda y tecla.

El inventario de los bienes de Elisabet-Sophie Chéron incluye una gran lista de instrumentos musicales: un laúd, dos guitarras, tres tiorbas de diverso tamaño, dos violas de gamba soprano y un bajo de viola, un violín, dos angélicas, un clavicémbalo, una espineta y un tambor. Un total de quince instrumentos que debieron tañerse en los finales de las sesiones culturales de su salón. Existen dos instrumentos musicales diferentes bajo el mismo nombre de angélica. Uno de ellos es un instrumento de cuerda que se parece a la tiorba y al *chitarrone*. El otro instrumento conocido como angélica es una especie de órgano. En el inventario no se especifica a cuál o cuáles hacen referencia, pero ambos existían en el siglo XVII y los dos son susceptibles de encontrarse en las propiedades de E. S. Chéron, puesto que su colección de instrumentos musicales contenía tanto instrumentos de tecla como de cuerda.

Tanto el caso de Leonora Baroni o de Elisabeth-Sophie Chéron son ejemplos de la que sería una imagen que se repetiría en los salones de las casas acomodadas de la Europa occidental y de América, en las que las mujeres de una misma familia interpretaban música como actividad lúdica o, en el caso de Leonora Baroni, interpretadas por una verdadera profesional de la música acompañándose de sus familiares. Como ella, muchas mujeres que realizaban conciertos o trabajaban en la música o en otros oficios renunciaban a ellos al casarse. Se entendía que una mujer casada de cierta condición media o alta debía dedicarse a la educación de los hijos y a llevar el hogar, aunque en estamentos sociales más bajos era habitual que la mujer trabajara toda su vida.

## Mujeres en agrupaciones musicales en cortes y concejos hispanos en el Siglo de Oro[44]

En las diferentes cortes y casas nobles acomodadas encontramos agrupaciones musicales en las que las mujeres formaban una parte importante de su plantilla. Se conservan documentos como contratos, por ejemplo, en los que se especifica todo lo relativo a las obligaciones del contratante y de la contratada.

Afortunadamente son cada vez más numerosos los estudios, artículos en revistas especializadas y científicas o tesis doctorales que abordan la práctica musical femenina en localidades, conventos, casas nobles, etc., que aportan nuevos testimonios y que, salvando características e individualidades, son extrapolables en general a la sociedad en los que estos se ubicaron.

Por ejemplo, gracias a trabajos como los de Clara Bejarano, referenciado en la bibliografía, podemos saber más de la música en casas de la alta nobleza y de la música popular del concejo en la Sevilla del Siglo de Oro, en la que se centrará este apartado.

En el ducado de Alcalá, que pertenecía a la casa de Medinaceli, contrataron a mujeres músicas a su servicio, como era lo habitual en las casas más acomodadas. Un ejemplo de estos contratos es el que se acordó el 17 de octubre de 1664 con Juliana Briçuela como música de cámara del duque, el cual duró hasta el 30 de junio de 1668. En él podemos leer:

> «He tenido por bien de reçevir a Juliana de Briçuela por música de mi cámara, i que con dicha ocupazión aya y tenga de salario en cada un año cien ducados y veinte ducados para casa; i cada día dos panes de a dos libras, una libra de carnero carnicera, i catorce maravedíes para vino, médico y votica en sus enfermedades de todo lo qual ha de goçar des diez y siete deste presente en adelante durante el tiempo de mi voluntad».[45]

---

44. Para este apartado es de un interés capital el artículo de Clara Bejarano Pellicer, «Las mujeres y la práctica musical en el Siglo de Oro: ficción y realidad en Sevilla.» Publicado en Janus, 3 el 2014 y referenciado en la bibliografía.
45. Bejarano (2014), p. 202.

En este contrato podemos observar que, aparte de las ganancias económicas de cien ducados anuales, se tenían en cuenta la vivienda, con un extra de 20 ducados para ello y también la manutención que se otorgaba con víveres (pan, carne y vino) y lo que sería un seguro médico de hoy en día: médico y botica para poder atender sus dolencias y enfermedades en caso de ser necesario. El contrato no especifica la obligación musical a la que se debía Juliana Briçuela, es decir, no sabemos si fue contratada como intérprete instrumental, cantante o ambas cosas. En este ducado también se contrató veinte años antes a dos mujeres músicas, Leonor y Quiteria de la Peña con un sueldo de 100 ducados de vellón al año. En su contrato se especifica que debían estar disponibles cuando los señores duque y/o duquesa las mandasen llamar, por lo que, al igual que Juliana Briçuela debían residir fuera del palacio ducal.

Otro ejemplo de mujeres músicas en palacios hispanos lo tenemos en el ducado de Medina Sidonia, en el cual se contrató a doña Ana María, a Elena, a Constanza y a Polonia (no se especifican los apellidos de ninguna de ellas) como músicas de cámara en 1636. En su caso cobraban ración (víveres o dietas de hoy en día) y un aporte económico, siendo de 6.000 maravedíes al año para doña Ana María y 4.500 maravedíes para cada una de las tres restantes. No se especifica la función o responsabilidades musicales de ninguna de ellas, pero cabe tener en cuenta la brecha salarial con el músico Lorenzo de Espinosa, cuyo contrato de 1628 le otorgaba un salario de 30.000 maravedíes más la ración. Como vemos entre cinco y seis veces más que las mujeres músicas. Lamentablemente tampoco sabemos las ocupaciones o demandas musicales que se esperaban del músico Lorenzo de Espinosa: intérprete, compositor, organizador de eventos y festejos, maestro de la capilla, profesor de música…

En cuanto a los concejos municipales, éstos alquilaban los servicios de compañías de danza y de saraos, que acostumbraban a ser mixtas y, generalmente, estaban formadas por seis parejas. Cada temporada estrenaban ropajes y vestidos y llevaban con ellos instrumentos musicales como arpas, laúdes, violas, vihuelas, panderos y castañuelas como elementos de percusión. Habitualmente, cada componente tocaba dos o más instrumentos y, si bien en el siglo XVI había más autores que autoras, en el siglo XVII se invirtieron las tornas, puesto que había más autoras que autores tanto de coreografías como de cantos improvisados.

Los moralistas no estaban muy de acuerdo con la interpretación de bailes y danzas, pero cabe decir que en las mascaradas y saraos se interpretaba música y se bailaba al mismo tiempo, siempre con el decoro necesario. A menudo, cuando las mascaradas y saraos se contrataban para celebrar algún tipo de conmemoración, se preparaban unas carrozas en las que los y las miembros de las compañías bailaban y tocaban.

Un testimonio de estas prácticas podríamos encontrarlo en la memoria de la compañía de Lorenzo Hurtado de 1640, el cual aseguraba al Concejo de Sevilla que en cada final de sus conciertos «Baylan seis hombres y seis mujeres, con que en cada carro aré bayles de a seis».[46] De la misma manera, en 1587, Jerónimo Hurtado recibió sesenta ducados en reales como contrato por «sacar el dicho día de la fiesta [Corpus Christi], en un carro que la çiudad le da, çinco mugeres portuguesas con sus tamborines y sonajas e ynstrumentos, las quales an de baylar, tañer y cantar por las calles...»[47]. Vemos como también se contrataba a estas agrupaciones musicales en fiestas religiosas como el día de Corpus o en autos sacramentales.

Las mismas fuentes citan a la mulata Leonor Rica, que era contratada junto a otras mujeres, primero por vía de Jerónimo Hurtado y luego contratándola a ella directamente, para amenizar con música, bailes y danzas las calles sevillanas en la celebración del Corpus durante varios años. Se conoce que la participación de estas agrupaciones con mujeres músicas, bailarinas y cantantes fue una constante en las fiestas seglares y sacras como Corpus o, también, autos sacramentales organizadas por concejos hispanos de los siglos XVI y XVII.

## La necesidad obliga

En el apartado anterior hemos tratado la inclusión de mujeres músicas y bailarinas en agrupaciones y compañías artísticas en la Península Ibérica, en las que su función era cantar, bailar, tocar instrumentos y actuar en los diferentes números artísticos, o en apartados anteriores, mujeres en las agrupaciones orquestales en cortes y casas nobiliarias, pero la inclusión de las mujeres en una plantilla instrumental de un teatro, por ejemplo, o en una orquesta sinfónica no fue ni ha sido tan fácil, tal como veremos en este apartado y los siguientes. Es a partir de mediados del siglo XIX que, según la documentación conservada, las mujeres empezaron poco a poco a formar parte de la plantilla de alguna orquesta como intérpretes profesionales. Un camino lento. Lento y largo.

En siglos anteriores hubo algunas excepciones en las que la necesidad de músicos permitió que mujeres fueran contratadas como intérpretes musicales tanto en el ámbito municipal como en el teatral, como incluso en el religioso.

---

46. Bejarano (2014), p. 204.
47. Bejarano (2014), p. 207.

Uno de estos casos lo hallamos en el siglo XVI en la isla de Cuba y tiene como protagonista a Micaela Ginés. Diferentes libros y artículos científicos (ver bibliografía) tratan el caso de Teodora Ginés, teóricamente la hermana de Micaela, como la inventora o no del son cubano. Hay expertos que opinan que, si bien hay un son cubano en el que la protagonista se llama Teodora y toca la Bandola, no puede atribuírsele a ella la creación de este estilo musical en el siglo XVI. Es más, otros opinan que ni siquiera existió Teodora Ginés a falta de pruebas documentales.

Bien, no es mi objetivo estudiar el papel o la existencia de Teodora Ginés, pero creo interesante anotar que existen fuentes que se refieren a Micaela Ginés (a la que no se da tanta importancia como a su supuesta hermana) como música en un conjunto instrumental que servía para todo: tocar en fiestas, celebraciones y también en las iglesias de la Habana. En el *Protocolo de antiguedades, literatura, agricultura, industria y comercio*, impreso en 1845, Joaquín José García, su autor, copia una información de un documento manuscrito de Hernando de la Parra, en el que trata aspectos de los años 1598 a 1562 (sic). Así, en la página 297 podemos leer:

> «Los bailes y diversiones en la Habana son graciosos y extravagantes, conservan todavia los primeros la rudeza y poca cultura de las indígenas, y en las segundas la escasez y ningunos recursos de una poblacion que comienza á levantarse. Hay en esta villa cuatro músicos que asisten á los actos á que se les llaman mediante un previo convenio. Son estos músicos, Pedro Almanza, natural de Málaga, violín; Jácome Viceira, de Lisboa, clarinete; Pascual de Ochoa, de Sevilla, violón; Micaela Ginez negra horra, de Santiago de los Caballeros, viguelista; los cuales llevan generalmente sus acompañados para rascar el calabazo y tañir las castañuelas. Estos músicos siempre están comprometidos y para obligarlos á la preferencia es preciso pujarles la paga y además de ella que es exorbitante, llevarles cabalgadura, darles racion de vino y hacerles á cada uno, tambien á sus familiares ademas de lo que comen y beben en la función un plato de cuanto se pone en la mesa, el cual se lo llevan á sus casas, y á este obsequio llaman propina de la funcion. Estos mismos músicos concurren á las fiestas solemnes de la parroquia que son las de san Cristóbal, san Marcial, Córpus...».

Vemos una agrupación musical formada por varios componentes de diferentes procedencias y que suenan donde y cuando convenga bajo un contrato que según parece era desorbitante. Lo cierto es que la necesidad obliga. Ante la falta de orquestas y capillas fijas en La Habana del siglo XVI, se empleaba a los pocos músicos que se tenía a disposición. Entre ellos vemos a una vihuelista que se llama Micaela Ginez «negra horra» de Santiago de los Caballeros, lo que significa que esta instrumentista era una esclava de color liberta que procedía de la isla de Santo Domingo. Así pues, tenemos que, en caso de ser cierta esta anotación del siglo XVI, hallamos a una mujer no religiosa tocando un instrumento en iglesias en fechas y celebraciones religiosas tan importantes como Corpus. Tal como indica Carpentier en su libro *La música en Cuba*, p. 36 y 37, en una relación de vecinos de La Habana y Guanabacoa de 1582 no hay ninguno con el oficio de músico, por lo que «la escasez de instrumentos e instrumentistas en la isla justificaba la utilización de músicos profanos para las solemnidades del culto».

Es significativo que, en el texto del siglo XVI y escrito por Hernando de la Parra, y en el que se citan los músicos de esta agrupación instrumental cubana, no aparece ninguna hermana de Micaela que estuviera en Santiago de Cuba con el nombre Teodora.

En cambio, en el Tomo I de las *Crónicas de Cuba*, publicadas por Emilio Bacardí Moreau, en la edición del año 1908[48], en las páginas 104 – 105 leemos la siguiente entrada:

> «Música. La orquesta existente en esta fecha [1580] en Santia-
> go se componía de dos tocadores de piano[49], un joven sevillano,
> tocador de violín, y dos negras libres, dominicanas, tocadoras
> de bandola, llamadas Teodora y Micaela Ginés».

Esta sería la primera mención a Teodora Ginés que se conozca. Parece ser que ésta se habría quedado en Santiago de Cuba y que su hermana Micaela hubiera partido con el conjunto musical a La Habana, pero, tal como he comentado anteriormente, la información de estas dos mujeres músicas del siglo XVI, esclavas negras libertas de Santiago de los Caballeros, es discutida por falta de pruebas. Un artículo muy interesante sobre ello es

---

48. La primera edición de la obra *Crónicas de Santiago de Cuba* de Emilio Bacardí fue impresa por primera vez en 1894. Yo he utilizado la edición de 1908.
49. Por ejemplo, no es posible que los dos músicos indicados en la cita anterior tocasen el piano, puesto que este instrumento fue creado por Cristofori en el siglo XVIII y no existía en el siglo XVI.

*El origen de la música cubana.* Mitos y realidades, de Armando Rodríguez Ruidíaz, especialmente el punto *El misterio de Má Teodora* (pp. 21 - 25).

¿Existieron, pues, las hermanas Ginés? Sólo el tiempo y las investigaciones históricas y musicológicas podrán, quizás, desvelar este punto de la historia de la música.

La información sobre la contratación de mujeres en orquestas, ya fueran municipales o teatrales, es escasísima. Así pues, aparte de Micaela Ginés en Cuba (que sería la más antigua que yo conozca), las dos hermanas Lucia e Isabella Pellizari fueron contratadas en la *Accademia Olimpica* de Vicenza, junto a su hermano Antonio, con un salario de 20 ducados anuales en 1582. Los tres debían tocar dos veces por semana, en ocasiones especiales y, además, dar clases de música. Las hermanas Pellizari destacaron especialmente por la interpretación de dos instrumentos de viento como el corneto y el *trombone*, instrumentos con los que hacían las delicias del público asistente al maravilloso *Teatro Olimpico* de Vicenza. Además de sus interpretaciones instrumentales, también trabajaron como cantantes y profesoras de esta disciplina a un grupo de alumnas. Posteriormente, en 1587–1588, se trasladaron para trabajar como músicas en la corte de Vicenzo Gonzaga en Mantua.[50]

Sería casi ochenta años después que, en 1665, se contrató a la señora Prudenza en el veneciano teatro de San Paolo para tocar el tercer instrumento de tecla (no se especifica de cual se trataba). Según Bowers[51], no se sabe si fue contratada para una actuación solamente por caso de necesidad puntual o lo fue para toda la temporada, pero lo cierto es que las informaciones sobre mujeres en plantillas orquestales son realmente muy escasas y no es hasta el siglo XIX que se empieza a contratar a alguna mujer en alguna orquesta de forma puntual.

AUDICIÓN:
¿TEODORA
GINÉS?
MÁ 'TEODORA

## El camino orquestal se abre lentamente en el siglo XIX

No era inusual ni en el Barroco, Clasicismo o Romanticismo ver a mujeres tocando con una orquesta que la acompañase, es decir como solistas. El caso de Maddalena Lombardini Sirmen, que se trata más ampliamente en el capítulo dedicado a la enseñanza musical, es un ejemplo de ellas. Tam-

50. Bowers (1987), p. 136.
51. Ibidem.

Maria Wolowska ingresó como compositora y pianista en la corte de San Petersburgo,
lo que le aseguró un trabajo como instrumentista.

bién las orquestas femeninas de los diferentes orfanatos italianos y que se
trata también en dicho capítulo. Ahora bien, lo inusual era la presencia
femenina en la plantilla de una orquesta teatral o de salón de conciertos.

El camino no ha sido fácil. Condiciones y estigmas sociales no consideraban la posibilidad que una mujer, y menos una mujer casada, se expusiera
en público en un escenario tocando con hombres. Hay que tener en cuenta
que la mayoría de las solistas mencionadas en el párrafo anterior lo fueron
mientras eran solteras y que, al llegar el momento de prometerse en matrimonio, abandonaban la actividad musical en público. Las hemerotecas
conservan periódicos del siglo XIX y principios del XX que están llenos de
informaciones de actos en los que diferentes jóvenes hacían recital tocando
el arpa o el piano, pero en contadas ocasiones se mencionan recitales de
señoras en edad adulta o casadas.

Un ejemplo del peso de las condiciones sociales lo encontramos en
Maria Wolowska Szymanovska (1789–1831), primera pianista polonesa
reconocida que estuvo de gira por varios países europeos en 1810. Como

muchos de los compositores de su época, en sus recitales tocaba también sus propias obras entre las que se encuentran polonesas, mazurcas, valses y polcas, además de varios nocturnos. El caso es que la presión social pudo con el matrimonio de Maria Wolowska, que en 1820 se rompió y ella pudo dedicarse libremente a su carrera musical. En 1822 ingresó como compositora y pianista en la corte de San Petersburgo, lo que le aseguró un trabajo como instrumentista.

Caroline Schleicher.
Autor: Diethelm Heinrich
Lavater (aprox. 1809)
Biblioteca Central de Zúrich.

En el siglo XIX encontramos también a las primeras concertistas de instrumentos considerados poco femeninos o inapropiados para las mujeres: violín, violoncelo o los instrumentos de viento, por ejemplo. Una de las primeras profesionales de esta familia de instrumentos, en concreto el clarinete, fue Caroline Schleicher Krähmer (1794-1850), que sustituyó a su padre como clarinetista y encargado de la organización musical del concejo de Pforzheim (Alemania) y tocó para del duque de Baden. Inició una gira como solista que la llevaría a Viena, donde conocería a Franz Xaver Mozart, que la introduciría en el mundo musical vienés. F. X. Mozart le presentó al que sería su marido J. Ernest Krähmer que era el principal oboísta de la corte vienesa. Junto a él realizó diversos conciertos a partir de 1822.

Ernst Krähmer, su marido, apoyó siempre la profesión de su mujer, realizando innumerables giras por diversos países y conciertos permanentes en Viena. Su trabajo no afectó a su vida conyugal y familiar, tal como se creía en la época. La pareja tuvo diez hijos en los quince años que duró su matrimonio y de los cuales, cinco sobrevivieron a la infancia. Caroline enviudó en 1837 a los cuarenta y dos años. Ello motivó que empezara a trabajar de profesora de música a la vez que hacía de concertista. Realizó su último concierto público cuando tenía 62 años, con igual éxito de crítica y público que durante toda su carrera.

AUDICIÓN:
CAROLINE
SCHLEICHER
KRÄHMER.
*SONATINA PARA CLARINETE Y PIANO. WALTZ – TRÍO*

Escribió varias piezas para clarinete y piano, así como también una auto-biografía en la que narra sus experiencias. Caroline Schleicher fue una instrumentista con un altísimo nivel frente al piano y dos de los instrumentos considerados poco femeninos: el violín y, especialmente, el clarinete. Sus hermanas Cordula y Sophie también destacaron en los tres instrumentos. Cordula Schleicher Metzger fue nombrada músico permanente en la Sociedad Musical de Zúrich en 1808 como profesora e instrumentista. Todo un logro en aquella época ya que fue la única mujer con nombramiento y contrato permanente en dicha Sociedad Musical por aquel entonces.[52]

Para encontrar a la primera solista profesional de violoncelo deberíamos trasladarnos hasta el catorce de febrero de 1845, cuando una joven francesa, Lisa Cristiani (1827 – 1853), hizo su debut en la *Salle des concerts* de París. Hasta este momento, el violoncelo no se consideraba un instrumento apto para señoritas, puesto que además de las consideraciones estéticas relacionadas con la colocación del instrumento y de la instrumentista, habría que añadir la cantidad de ropajes entre faldas y enaguas que dificultaban la posición de interpretación. Lisa Cristiani fue una de las primeras violoncelistas en obtener un reconocimiento y prestigio internacional que la llevó de gira por varios países.

En 1853 emprendió un viaje a varias ciudades de Siberia para finalizar en el Cáucaso. Desafortunadamente, durante esta gira contrajo el cólera y murió a los veintiséis años de edad en la ciudad de Tobolks. Lisa Cristiani tocaba un instrumento histórico de maravilloso sonido: un violonchelo Stradivarius del año 1700-1708 que actualmente es conocido por su apellido, el violonchelo Cristiani.

En el siglo XX encontramos a otra excepcional violonchelista poseedora de un Stradivarius: Jacqueline du Pré, instrumentista inglesa que tocaba con el Stradivarius Davidov, de 1712. Du Pre, con su excelente técnica y su maravillosa expresividad realizó algunas de las grabaciones más importantes dentro del mundo de la música dedicada a este instrumento, como la del *Concierto para violonchelo y orquesta* de Elgar que, para muchos, es considerada la mejor interpretación de la historia de esta obra.

## El arpa, el acceso como miembro de la plantilla de la orquesta profesional

La puerta de acceso a la plantilla orquestal la abrieron las arpistas, que fueron las primeras en formar parte del *tutti*, es decir de la masa orquestal,

52. Buckenmaier, Nicola,
https://clarinet.org/2019/09/02/caroline-schleicher-krahmer-first-female-clarinet-soloist/

y no como solistas invitadas de otros instrumentos como el violín o violoncelo. El arpa se asociaba generalmente al sexo femenino por una mera cuestión estética. En la prensa del siglo XIX encontramos crónicas de conciertos realizados por señoritas en las que se nos dan descripciones sobre las instrumentistas, es decir, aparte de indicar y hacer una valoración sobre la interpretación musical, se detalla el peinado, el vestido, además de la belleza y la armonía postural al tocar cualquiera de los instrumentos a ellas designados, generalmente el piano y el arpa.

La primera arpista profesional de una orquesta fue Josephine Mülner Gollenhaffer (1779-1843) que formó parte de la orquesta de la corte imperial vienesa. Otra arpista que tocó en orquestas fue Dorothea Scheidler Spohr (1787–1834) que, conjuntamente con su marido, el violinista, compositor y director de orquesta Ludwig Spohr, realizó varias giras

Carta con arpista. *Instruments series (N82) for Duke cigarettes.* W. Duke, sons & co. 1888. Metropolitan Museum of Art de Nueva York.

y ambos trabajaron en la orquesta del *Theater an der Wien* del 1813 al 1815.

Muy lentamente el acceso femenino a las plantillas orquestales se fue regularizando hasta la actualidad. El camino fue lento. Una idea de este proceso lo podemos observar en Viena. Si tenemos en cuenta que Dorothea Scheidler Spohr tocó en la plantilla del *Theater an der Wien* de 1813 a 1815, tendrían que pasar ciento ochenta y dos años hasta que otra orquesta de esta ciudad, la famosa Orquesta Filarmónica de Viena, en una asamblea general de los ciento cincuenta músicos, decidiera la admisión de mujeres en su plantilla en el año 1997. Anna Lelkes, ya actuaba con ellos como arpista desde 1974, pero era considerada un miembro pasivo, es decir sin acceso al comité elegido como junta de gobierno formada por doce músicos. Anna Lelkes fue, pues, la primera mujer en tocar de forma oficial en esta famosa orquesta conocida mundialmente por su concierto de Año Nuevo en la Sala Dorada del Musikverein, que se retransmite en más de cincuenta países y se estima un público de millones de espectadores en todo el mundo.[53]

---

53. Rudich (1997).

A mediados del siglo XIX algunas mujeres se forjaron como profesionales en conjuntos y también solistas, como la violinista checa Wilma Neruda (1838–1911), que tocó principalmente en conjuntos de música de cámara en Londres, donde también tocaba en el *Crystal Palace*, antes de trasladarse a Berlín. Actuó como solista por Europa y Australia.

Vemos que el acceso femenino a la plantilla orquestal se inició con las solistas invitadas que, poco a poco, abrieron el paso a las integrantes fijas de la orquesta y, generalmente, con el arpa como instrumento.

## Directoras de orquesta… ¡una odisea!

Una de las primeras mujeres a dirigir una orquesta fuera de los ambientes cortesanos y de las orquestas femeninas fue Louise Viardot Héritte (1848–1918), hija de la cantante, pedagoga y compositora Pauline Viardot. En su autobiografía titulada *Memories and adventures*, publicada en 1913, describió como una difícil experiencia el poder dirigir su cantata frente a una orquesta de Estocolmo. Cabe recordar que no era nada habitual que una mujer dirigiera a un conjunto de hombres en ningún oficio. Exigir, mandar y corregir cuando fuera necesario a un grupo de maestros no es tarea fácil cuando las condiciones sociales tampoco acompañan. Muchas mujeres músicas que se dedicaron a dar clases, dirigieron a sus alumnos en pequeñas agrupaciones instrumentales o corales como parte de su formación y siempre como profesoras, nunca como directoras profesionales. En el capítulo dedicado a la enseñanza musical se ha tratado de las asignaturas que las jóvenes podían estudiar en un conservatorio oficial y, mayoritariamente, la dirección de orquesta no era de fácil acceso para una alumna que, en caso de querer aprender esta disciplina, debía cambiar de centro o estudiar con profesores privados o familiares, cuando no de forma autodidacta.

Todo esto nos da la idea que las pioneras directoras de orquesta no lo tuvieron nada fácil, al igual que cualquier mujer que quisiera adentrarse en lo que socialmente se consideraban dominios masculinos. El camino era arduo tanto laboral como socialmente, puesto que no sólo eran las trabas administrativas que no permitían a las estudiantes de música asistir y participar a según qué clases y lecciones o acceder a un conjunto musical a nivel profesional, sino que a ello habría que añadirse el rechazo social que sufrían muchas de las mujeres que intentaban abrir nuevos caminos que se apartaban de lo que se estipulaba como femenino. Ya no digamos a las que renunciaban al matrimonio o a la maternidad para poder desarrollar un oficio. Hago referencia al rechazo social puesto que no lo sentían sólo por parte de los varones, sino que las mismas mujeres eran partícipes en ello. No debemos olvidar la educación recibida, el deber a los padres y a la familia y lo importante que era la aceptación social para poder sentirse integrado en su entorno, no sólo quien pudiera discrepar, sino toda su familia. Este hecho motivaba que muchas mujeres renunciaran a sus aspiraciones o sueños.

Ya hemos visto que la mismísima Clara Schumann pensaba que no debía dedicarse a la composición ya que si ninguna mujer lo había hecho antes ¿por qué ella tendría que desearlo? A pesar de ello, la necesidad de hacer florecer su talento hizo que Clara compusiera y lo hiciera al más alto nivel. Según su opinión, la composición le permitía evadirse y estar en un mundo imaginario mientras duraba el momento creativo. Clara Schumann es la compositora del siglo XIX más programada hoy y en su época fue considerada la mejor intérprete de piano de todos los tiempos. Desarrollamos más aspectos de Clara Schumann en el capítulo *Pioneras y luchadoras*.

En el siglo XX español tenemos el ejemplo de otra gran luchadora en el campo musical. Se trata de Elena Romero Barbosa (1907–1996),[54] la primera mujer en dirigir una orquesta en España y pianista. Dotada para la música desde muy pequeña, realizó su primer concierto de piano como artista ya a los doce años. Estudió con los profesores de música más importantes de la Segunda República y del período de la dictadura franquista, como fueron José Balsa, Frank Marshall y Salvador Bacarisse (su mentor musical) de quienes aprendió su técnica de interpretación al piano, también composición con Joan Lamote de Grignon, Joaquín Turina y Julio Gómez. Con Ataulfo Argenta aprendió dirección de orquesta. Durante sus años de carrera se dedicó a la composición, obteniendo premios nacionales e internacionales por sus obras, como el Premio Pedrell por su ballet *Títeres* en 1950 y el premio otorgado por la BBC por su obra *Ensayo para orquesta sobre dos canciones sudafricanas*, de 1956. Fue una gran pedagoga musical, a lo que dedicó gran parte de su vida. Asimismo, fue la primera mujer en dirigir una orquesta sinfónica en España y bajo su batuta estuvieron la Orquesta Sinfónica de Radiotelevisión Española y la Orquestra Ciutat de Barcelona, entre otras.

AUDICIÓN:
ELENA ROMERO
BARBOSA.
*CANTO A TURINA.*

---

54. La información sobre Elena Romero Barbosa se ha extraído de un artículo escrito por su hijo Enrique Fernández Romero y publicado en la web Mujeres en la Música: http://mujeresenlamusica.blogspot.com/2007/09/memoria-de-elena-romero.html

Elena Romero Barbosa vivió en una época convulsa: entre la Segunda República, la Guerra Civil, la dictadura franquista y la vuelta a la democracia en España. Comprometida y fiel a sus ideales, se negó a abandonar su país, aun sabiendo que su carrera musical no podría desarrollarse como hubiera sucedido en el extranjero. En la época de la dictadura, el rol de la mujer quedó muy marcado como esposa y madre especialmente en la clase media y alta. El trabajo, aún más en según qué especialidades, estaba destinado a los hombres, por lo que Elena Romero no tuvo fácil su camino como directora de orquesta tanto por ser mujer como por pertenecer a los vencidos en la guerra. Por ello no pudo optar a una plaza oficial en un conservatorio y ni mucho menos en una orquesta. A pesar de todo ello, los conciertos sinfónicos bajo la dirección orquestal de Elena Romero tuvieron un gran éxito de público y crítica.

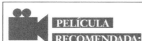

**PELÍCULA RECOMENDADA:**
*ANTONIA: A PORTRAIT OF THE WOMAN*
**DIRECCIÓN: JUDY COLLINS , JILL GODMILOW (1971)**

**PELÍCULA RECOMENDADA:**
*LA DIRECTORA DE ORQUESTA*
**DIRECCIÓN: MARIA PETERS (2018)**

Antonia Brico, directora neerlandesa afincada en EE.UU. y coetánea de Elena Romero, quizás sea la directora más conocida de esta época. Su carrera ha sido objeto de un documental, titulado *Antonia: a portrait of the Woman* y fue dirigido por una exalumna suya, Judy Collins y por Jill Godmilow en 1971.

No obstante, es más recordada por el gran público actual por la película que se estrenó en 2018: *La directora de orquesta*, interpretada por Christianne de Brujin como Antonia Brico y dirigida por Maria Peters. En esta película vemos la fuerza y la tenacidad en la persona de Brico. Y cómo la sociedad, mujeres incluidas, se burlaron o intentaron boicotear su sueño, el de ser directora de orquesta. El film muestra una sociedad cambiante y, a su vez, reticente a estos cambios.

Antonia Brico estudió con diferentes profesores en EE.UU. y en Europa. A pesar de todos los obstáculos consiguió ser una de las pocas alumnas del director Karl Muck y la primera americana que se graduó en dirección de orquesta en la Academia de Música de Berlín en 1927. Su debut como directora ocurrió en 1930 cuando se convirtió en la primera mujer que tuvo bajo su batuta a la Orquesta Filarmónica de Berlín. Posteriormente estuvo al frente como directora invitada de las orquestas de San Francisco y de Los Ángeles y de diversas orquestas en una gira que la llevó por varios países de Europa como Alemania o Polonia. A su regreso a EE.UU., debutó en Nueva York como directora invitada al frente de una de las orquestas más prestigiosas del momento, la Musicians' Symphony Orchestra, en el Metropolitan Opera House en 1933.

Aunque obtuvo el éxito del público y de la crítica, Antonia Brico no consiguió ninguna plaza de titular en ninguna orquesta y, lejos de rendirse, fundó la New York Women's Symphony, una orquesta integrada sólo por mujeres, que recibió, incluso, el apoyo de la primera dama de los Estados Unidos, Eleanor Roosevelt. La orquesta fue íntegramente femenina hasta 1939, cuando empezó a admitir también a hombres. Con esta orquesta interpretó el *Requiem* de Verdi en abril de 1938. En este concierto estuvo al frente de un cuarteto de solistas, un coro compuesto por doscientas ochenta y cinco voces y su orquesta New York Women's Symphony.

**AUDICIÓN:** ANTONIA BRICO, DIRECCIÓN. *OBERTURA DE LA FLAUTA MÁGICA* K620. W. A. MOZART.

La vida de Antonia Brico estuvo siempre ligada a los traslados a distintos lugares. Debido al ambiente que se vivía en la ciudad de Nueva York en la Segunda Guerra Mundial, Antonia Brico se trasladó a Denver donde fundó una nueva orquesta femenina y dirigió como titular la orquesta amateur Denver Bussinessmen's Orchestra, que posteriormente cambiaría el nombre de la ciudad por Brico. También se dedicó a la enseñanza y a crear diferentes proyectos musicales.

Antonia Brico dirigió orquestas importantes en varias ocasiones, pero nunca, nunca, nunca, a pesar de ser una directora estimada y reconocida por el público, que hacía pleno en la sala y agotaba las entradas de sus conciertos, obtuvo la plaza de directora residente o titular en una gran orquesta. Su último concierto lo dirigió en 1977 cuando estuvo al frente de la orquesta Brooklyn Philarmonia.

Otras directoras de orquesta del siglo XX han sido la compositora, solista, violinista Grazyna Bacewicz, de reconocido prestigio en su país natal, Polonia o la directora rusa Evgenia Svetlana; o directoras más actuales como Alondra de la Parra o Inma Shara.

## Orquestas femeninas

En el apartado anterior hemos visto como Antonia Brico fundó dos orquestas sinfónicas femeninas. El origen de estas orquestas se remonta a mediados del siglo XIX cuando el 11 de septiembre 1871 debutó en Viena la *Vienna Lady Orchestra*, dirigida por Josephine Weinlich–Amann (1840-1887), como vemos en la noticia publicada en el *The New York Herald*, el 1 de septiembre de 1871.

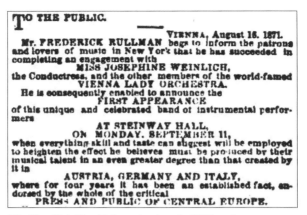

*The New York Herald*, 1 septiembre de 1871, p. 2
Washington. Library of Congress.

Esta noticia, publicada en Nueva York pero también en otros países como España, se hace eco de lo que sucederá en Viena, por lo que podemos deducir que se vivió una gran expectación ante el estreno de esta orquesta sinfónica femenina. Aunque también hubo crónicas que optaron por ridiculizar y mofarse de las intérpretes como la noticia que se publicó en la página 4 del periódico español *La época* el 12 de junio de 1873 donde se leía lo siguiente:

> «En los salones del *Musikverein* de Viena se ha presentado Mad. Weinlich al frente de su orquesta, compuesta de treinta y tres profesoras, inaugurando la serie de sus conciertos el 1.º del mes actual. El aspecto que presentaban aquellas señoras, rubias, morenas y hasta algunas rojas, las unas tocando el violín, otras el clarinete, estas el contrabajo, aquellas el figle[55], era sobremanera extraño.
>
> Lo que sobre todo llamaba la atención, era que en cada entreacto se retiraban las profesoras y aparecían luego con trajes y tocados variados.
>
> Se comprende que una mujer coqueta cambie de traje seis veces al día en un establecimiento de baños de mar; esto se ve desgraciadamente con frecuencia, y es una ocupación como otra cualquiera; pero que una mujer que sopla hasta ponerse colorada como un tomate en un cornetín de pistón o haciendo quiebros

---

55. El figle es un instrumento de viento metal presente en las orquestas del siglo XIX y que se irá substituyendo paulatinamente por la tuba y el bombardino.

poco académicos tocando el contrabajo, se ocupe en vestirse de pies á cabeza en cada uno de los tres entreactos de un concierto como los que propina á los vieneses la señora Weinlich, en vez de descansar de las fatigas de la ejecución de una parte del concierto, no lo comprendemos.

Solo una paciencia alemana, igual cuando menos á la de Job, podrá aguantar lo interminable de los entreactos.»

Como se puede leer, no se valora la expresividad musical, ni siquiera la afinación o el tempo, los ajustes técnicos o la sonoridad. Solamente las cuestiones físicas para ridiculizar a las intérpretes, especialmente a las que tocan instrumentos de viento como el cornetín o las que se mueven al tocar como las contrabajistas. Recordemos que en muchas de las críticas musicales de la prensa de estos años pueden leerse los aspectos físicos como la vestimenta, la elegancia o el porte de la intérprete, además de una pequeña valoración musical.

Josephine Weinlich y sus maestras estuvieron de gira por varios países, incluso en Estados Unidos, llevando la música propia de su época a diversas ciudades y escenarios.

**GRAND SACRED MATINEE**
THIS AFTERNOON, AT 2:30.
**COME EARLY TO SECURE SEATS.**
The EUROPEAN LADIES' ORCHESTRA COMBI-
NATION will give their regular Sunday Evening Con-
cert at 8 o'clock.

*Chicago Daily Tribune*. 30de enero de 1876, p. 13.
Washington. Library of Congress.

La orquesta duró hasta finales de la década de 1870. Aquellos años, Josephine fundó el cuarteto de Cäcilien Quartet, en el que tocaba el piano junto con su hermana Elisa, que fue una excelente violoncelista, la violinista Marianne Strasow y la violista Chatrlotte Deckner. Posteriormente, en 1879 hizo varios conciertos junto con su hermana Elisa y el cantante Georg Hansen que los llevarían de gira junto con el marido de Josephine, el director musical Ebo Fortunatus Amann, por diversos países de Europa, finalizando en Portugal. Allí, Josephine Weinlich Amann dirigiría la orquesta municipal de Lisboa durante unos meses y también la orquesta del teatro de la ópera de dicha ciudad durante una temporada. Los Amann-Weinlich se quedaron en Lisboa como reputados profesores de música.

Imperial Ladies' Orchestra. Preston, W. S., Photographer (ca. 1910)
Library of Congress. Washington.

**AUDICIÓN:**
**ALMA ROSE,**
**ARNOLD ROSE,**
**SOLISTAS.**
**JOHANN**
**SEBASTIAN BACH.**
*CONCIERTO PARA*
*DOS VIOLINES EN*
*RE MENOR,* **BWV**
**1043. I** VIVACE.

A partir del ejemplo de la orquesta de Josephine Weinlich, poco a poco se fueron creando otras orquestas o conjuntos femeninos en Estados Unidos, como la Imperial Ladies' Orchestra, que estuvo bajo la dirección de Miss Lizzie A. Otto y actuaron en el Hoag Lake Theatre en Woonsocket, Rhode Island. En Europa también surgieron orquestas y conjuntos de cámara femeninos, como el de la virtuosa del violín Alma Rose (1906-1944), hija del que fuera el primer violín de la Orquesta Filarmónica de Viena durante varias décadas Arnold Rose y sobrina del director y compositor Gustav Mahler.

Alma Rose creció en un ambiente musical muy importante para su desarrollo como instrumentista y el 1932 fundó la orquesta *Die Wiener Walzermädeln* con Anny Kucx como concertino y la propia Alma como directora. Con esta orquesta visitaron diferentes países y alcanzaron la fama en Europa.

Desgraciadamente en el siglo XX ocurrieron varias contiendas bélicas y ello marcó su desarrollo económico y cultural. Alma Rose vivió las dos Guerras Mundiales. Cuando Austria fue invadida por los nazis en plena Segunda Guerra Mundial, los Rose, padre e hija y su familia, al ser de religión judía, se exiliaron en Londres. Alma regresó al continente para hacer un concierto en Holanda, pero el país fue tomado y quedó atrapada. Intentó huir a Suiza pasando por Francia, pero desgraciadamente fue detenida por la Gestapo en 1942 y llevada al campo de Drancy, y de allí fue deportada a Auschwitz, donde falleció en 1944.

En Auschwitz fue la encargada de dirigir la *Mädchenorchester von Auschwitz*, que contaba con una cincuentena de músicas, muchas de ellas amateurs, pero también había otras que eran intérpretes musicales profesionales y profesoras. El cometido de esta orquesta era el de amenizar la entrada y la salida de los prisioneros cuando iban a los trabajos forzados. Además, tuvieron que realizar conciertos para los oficiales durante los fines de semana o cuando se lo pidieran las autoridades del campo.

Rose pidió el máximo a sus compañeras con la idea que así podrían salvar la vida, puesto que las autoridades las tenían en muy alta estima. Otras componentes de dicha orquesta fueron Zofia Czajkowka, que la dirigió antes que Alma, la violoncelista Anita Lasker-Wallfisch y la pianista Fania Fénlon, que escribieron sus memorias sobre los días que estuvieron retenidas en Auschwitz donde Alma Rose tocó el violín y actuó como solista.

Algunas orquestas femeninas se fundaron a raíz de centros educativos femeninos, como hemos visto con las orquestas de los orfanatos venecianos en el capítulo sobre educación musical. Un ejemplo más reciente lo tenemos en la *Orquesta femenina*, que se creó bajo el auspicio del Conservatorio Femenino de Barcelona, que estaba ubicado en el bario de Gràcia, donde actualmente se puede ver el mural de baldosas con su nombre en la pared del edificio que hace esquina entre la calle Montseny y Gran de Gràcia de dicha ciudad.

Este centro ya estaba en funcionamiento en 1919 y era conocido como el Real Conservatorio de la Infanta Isabel. El origen de su orquesta habría que buscarlo en 1928, cuando se realizaron una serie de conciertos para recaudar fondos para la Asociación Mundial de Defensa de las Mujeres. A raíz de esta experiencia y pocos años después, en 1932 ya tomó su propio carácter y se creó de forma estable bajo la dirección de Isabel de la Calle, que además era una excelente pianista.

En la época de la Segunda República realizó varios conciertos por toda Cataluña y un ciclo de conciertos en la ciudad de Barcelona que se conocía como Música Vespertina y cambió su nombre por el de *Orquesta Femenina de Barcelona* en 1936. Después de la Guerra Civil continuó su actividad con el nombre *Orquesta Clásica Femenina*. Posteriormente, Isabel de la Calle dejó la dirección y la orquesta adoptó el nombre de la que fuera su directora durante muchos años y pasó a llamarse *Orquesta Clásica*

*Femenina Isabel de la Calle*. Durante aquellos años tuvieron mucha actividad y realizaron varios conciertos por España y Europa, ganando algunos concursos de interpretación. Sus actuaciones fueron disminuyendo durante la década de los sesenta y en la de los setenta se disolvió finalmente. En ella tocaron intérpretes como la arpista Mercedes Ramonatxo, la violinista Rosa García Faria o la pianista internacionalmente conocida Alicia de Larocha, María Dolores Rosich Ventosa, Carry de Montevar y Pilar Pérez Mall, entre otras.

En el siglo XX y en el ámbito popular han existido diferentes agrupaciones femeninas como las orquestas de swing y jazz que surgieron a mediados de la década de los años veinte, como las *The Ingenues*, o *Ina Ray Hutton con sus Melodears*, que realizaron diversas grabaciones y films en la década de los treinta o, quizás la más importante, las *International Sweethearts of Rhythm*, una de las principales orquestas en la historia del jazz. También en la música pop y rock encontramos grupos exclusivamente femeninos: Vixen, Kittie, Hole o Bangles, por citar algunos de diferentes estilos.

## Música Coral

En la música coral del siglo XIX encontramos la misma situación que ocurría con las orquestas. Las normas sociales eran muy estrictas en cuanto a la exposición pública de una mujer y los roles estaban muy marcados, por lo que no era para nada habitual encontrar a mujeres ocupando lugares socialmente masculinos, como sería el caso de ocupar la plaza de músico o director en una orquesta. Lo mismo sucedía con las corales, que empezaron a ser mixtas en agrupaciones de alumnos en la zona germánica, como se explica en el capítulo dedicado a la educación musical. Sirva de ejemplo el caso de la compositora, profesora y directora de coral Louise Reichardt (1779–1826) que fundó la sociedad coral Gesanverein de Hamburgo, a la cual preparó en ensayos y clases, pero nunca llegó a dirigirla en público.

*The country choir.* (ca. 1872) F. G. Weller, photographer. Littleton. Library of Congress. Washington.

Otro ejemplo de estas reticencias sociales lo encontramos en los albores de 1896 cuando el Orfeó Català, en Barcelona, preparó la sección femenina para así poder ampliar el repertorio y afrontar las piezas del gran repertorio coral, tal como se estaba llevando a cabo en el resto de Europa. Emerenciana Wehrle (1861–1938), contralto de reconocido prestigio y vinculada a la entidad, fue la encargada de la preparación musical de la sección femenina. La misma Emerenciana explicó lo dificultoso que fue poder encontrar a las treinta jóvenes que formaron dicha sección. El principal escollo a salvar fue la reticencia de los propios padres para permitir que sus hijas cantasen junto a hombres (había también una sección de chicos) y lo hicieran sobre las tablas de un escenario. A todo ello habría que añadir que la mayoría de ensayos y conciertos eran por la noche, por no contar los viajes a otras localidades.

Finalmente, en 1896 treinta jóvenes valientes estrenaron la sección femenina del que sería uno de los coros amateurs de más prestigio. Eso sí, acudían siempre acompañadas y actuaban con mantilla blanca, tanto ellas, como Emerenciana Wehrle, su profesora. Emerenciana estuvo treinta y cuatro años vinculada con la entidad como profesora de canto, solfeo, preparadora de las jóvenes o cantante solista. Este sería un ejemplo de muchos que se podrían poner sobre cómo las normas sociales marcaban el comportamiento, la actitud y las actividades femeninas y como, poco a poco, mujeres como Emerenciana Wehrle y las cantantes del Orfeó Catalá, empezaron a romper ciertas barreras sociales y morales.[56] 🎼

---

56. https://www.ccma.cat/catradio/alacarta/microtons/femeni-i-singulars/audio/973574/

# ¿Compositoras de ópera?
# ¡Por supuesto!

Nos encontramos en Florencia en los albores del siglo XVII. Un grupo de humanistas, eruditos y estudiosos bajo el auspicio del conde Giovanni de'Bardi, conocidos como la *Camerata Bardi*, estudian e investigan cómo debió ser la música y el teatro en la época de la Grecia y Roma clásicas.

La *Camerata Bardi* estaba compuesta por el mismo conde Giovanni de'Bardi, quien escribió las normas del calcio florentino ¡el predecesor del fútbol actual!, además de Vicenzo Galilei, teórico musical y padre del conocido matemático, físico y astrónomo Galileo Galilei. La *Camerata* también contaba con la presencia del poeta y libretista Ottavio Rinuccini, el compositor Emilio de'Cavallieri y del también compositor y cantante Giulio Caccini, patriarca de la familia musical conocida como *Concerto Caccini* y autor de *Le Nuove Musiche*, una recopilación de madrigales en el que se plasmaba un nuevo estilo musical conocido como *seconda prattica*.

**El madrigal es una composición musical con un texto poético ya sea de tema amoroso, de contemplación de la naturaleza o de cualquier motivo profano que estuvo muy de moda en los siglos XVI y XVII. Su equivalente, pero con textos religiosos, se conoce como motete.**

En esta *Seconda prattica* o nueva forma y sistema de composición musical que dará origen a la música del Barroco, el canto y la música estaban al servicio del *ethos* de texto, su significado, por lo que se acostumbraba a acompañar a la melodía con una línea para el bajo, dando como resultado una melodía acompañada donde recaía toda la expresividad del texto sobre la música. Más que las técnicas y rígidas normas compositivas, como ocurría con el contrapunto del Renacimiento donde la mezcla de las voces dificultaba la comprensión del texto, lo que se buscaba en este nuevo sistema musical era que el texto se pudiera entender claramente y así poder transmitir sensaciones y sentimientos a partir de su significado mediante la expresividad de la voz. Su técnica, conocida como *recitar cantando*, fue la base de las piezas que formarían las primeras óperas.

La *Camerata* Bardi se reunió hasta la década de 1580 cuando el conde Bardi tuvo que huir de Florencia al caer en descrédito ante el favor de los Medici. En los años siguientes surgió otra academia de eruditos en Florencia creada por el compositor Jacopo Corsi, que fue uno de los promotores musicales en la Florencia de su tiempo y que contó con la presencia de Cavallieri y del también músico Jacopo Peri, cantante (tenor y sopranista) y organista de la corte florentina, de la que gozó de su protección durante más de cuarenta y cinco años.

Estas dos academias florentinas estudiaron cómo debía ser el teatro clásico en las antiguas Grecia y Roma y llegaron a la conclusión que este teatro era cantado de principio a fin. Esta conclusión hoy se conoce como errónea en base a estudios y hallazgos posteriores que han permitido obtener nuevas conclusiones. Sea como fuere, erróneas o no, a estos eruditos sólo les faltó poner en práctica sus teorías y realizar una obra de teatro cantada de principio a fin. Este es el nacimiento de un nuevo género musical que sería el deleite del gran público desde su creación: la ópera.

Su primera puesta en práctica fue por allá 1598, con la representación de *La Dafne* con texto de Rinuccini y música (hoy perdida y solo se conservan seis fragmentos) de Peri y Corsi, que se representó en varias ocasiones como algo experimental sólo para los miembros de la camerata.

Portada del libreto impreso por Rinuccini de *La Dafne*, que se representó para la corte de los Medici en 1600. Library of Congress. Washington.

La mezcla de este nuevo estilo musical tuvo otra muestra en los mismos años también en Florencia y con Peri a la cabeza. Con motivo del matrimonio entre el rey de Francia Enrique IV y María de Medici, se estrenó *Euridice*, con música de Peri y texto de Rinuccini, en el Palazzo Pitti el día 6 de octubre el año 1600. Parte de la música fue adaptada por Giulio Caccini para sus cantantes (se sabe que su hija Francesca Caccini participó como virtuosa en los festejos nupciales) y puesta en escena por Cavallieri. Como puede verse, casi todos los miembros de las *cameratas* florentinas estaban implicados en este montaje.

Muchos miembros de cortes europeas fueron invitados, como Francesco Gonzaga de Mantua, que acudió con sus sirvientes tal y como era costumbre. Entre ellos estaba el compositor de la corte mantuana Claudio Monteverdi que estrenaría su *Orfeo*, la que se considera como primera ópera, en febrero de 1607 en el palacio ducal de Mantua, como una petición de Francesco Gonzaga.

La ópera de estos primeros años era considerada como un género experimental y para nada abierta al público general como lo sería hoy en día. Habría que esperar hasta casi mediados del siglo XVII, en Venecia, para encontrar teatros de ópera públicos donde se podría acceder mediante el pago de una entrada, lo que sería una ópera comercial como la que podemos ver en todos los teatros de ópera actuales.

Las primeras óperas se representaban en salones de palacios, con un público escogido y selecto ya fueran nobles o miembros de academias. Por textos y cartas conservados sabemos que al estreno del *Orfeo* de C. Monteverdi acudieron sólo algunos de los hombres de la corte mantuana y que, debido a la emotividad de la obra, se creyó oportuno volver a representarla poco después con acceso a algunas de las damas de la corte. Es decir, no todos los miembros de la corte pudieron disfrutar o asistir, sino que debían ser invitados. Lo mismo sucedió con la primera representación de *Dafne* que, según palabras del conde Bardi, «se cantó y recitó privadamente en un salón».[57]

En este ambiente cortesano del inicial y experimental mundo operístico, vio la luz la primera ópera compuesta por una mujer: *La liberazione di Ruggiero dall'isola d'Alcina*, compuesta por Francesca Caccini y estrenada en 1625.

---

57. Porter – Carter (2001). Webgrafía.

## La liberazione di Ruggiero dal'isola d'Alcina.
## La primera ópera compuesta por una mujer.

Francesca Caccini (1587–c.a 1637) es una de las compositoras más reconocidas actualmente y forma parte del canon musical de compositoras.

AUDICIÓN: FRANCESCA CACCINI LA LIBERAZIONE DI RUGGIERO ALL'ISOLA D'ALCINA: PRÓLOGO, SINFONÍA.

Sobre Francesca Caccini se han escrito varias biografías que se pueden encontrar en forma de capítulos o secciones de libros hasta monografías dedicadas a ella y a la corte de los Medici, como *Las mujeres en la música* de Patricia Adkins Chiti (Alianza, 1995) la versión en español de su obra *Donne in musica* (1982), *Francesca Caccini at the Medici Court: Music and the Circulation of Power* de Suzanne G. Cusick y Catharine R. Stimpson, (University of Chicago Press, 2009) o *Sounds and sweet airs* de Anna Beer (One wolrld 2017) y su reciente traducción en español *Armonías y suaves cantos: Las mujeres olvidadas de la música clásica* (Acantilado 2019) por citar algunas y a las que remito y por ello no me extenderé demasiado.

Se sabe que Francesca Caccini ya estaba vinculada a la corte de los Medici en 1602 pero entró a formar parte del grupo oficial de músicos de la corte en 1607, cuando tenía veinte años bajo el auspicio del Gran Duque Cosme II. Desde 1622 hasta 1627 fue la música más valorada y bien pagada de toda la corte, que en aquel momento se encontraba bajo las regencias de la Gran Duquesa Cristina de Lorena y la Archiduquesa María Magdalena de Austria. Francesca Caccini era seguidora del nuevo estilo musical que había surgido hacía poco en las *cameratas* florentinas y que era del gusto de la corte, la *seconda prattica* con el recitar cantando, y así lo enseñaba ella en sus clases de música y canto. Francesca Caccini además de cantar y tocar instrumentos para los Medici, también era la encargada de musicar las fiestas, divertimentos y bailes de la corte y, por ello, cuando la corte florentina recibió la ilustre visita del príncipe Ladislao Segismundo de Polonia, se le encargó gran parte de la música de los festejos, en los que estaban implicados libretistas, actores, rapsodas, jinetes y caballos, decoradores, ingenieros, sastres, músicos, etc.

En dichos festejos participaron varios compositores y Francesca Caccini compuso la que se considera la primera ópera compuesta por una mujer: *La liberazione di Ruggiero dall'isola d'Alcina*. Esta ópera se llevó a cabo el tres de febrero de 1625 en el Poggio Imperiale, una villa extramuros de Florencia a la cual se accedía mediante una larga avenida arbolada, dando muestras de la grandeza económica y del poder de la familia Medici.

La representación fue un espectáculo digno de tan insignes invitados con efectos y tramoyas y con un número de baile de caballos al final. Así se recoge en las actas de la corte en las que se nos exponen los detalles de algunas de las acciones y sucesos acontecidos a raíz de la visita del Príncipe Ladislao a la ciudad.[58] Por estas actas se sabe que el día dos de febrero la corte florentina con su invitado más su séquito se dirigieron hacia la Villa Poggio para la representación de *Ruggiero* y otros actos que iban a celebrarse allí. Las actas del día 3 de febrero de 1625 explican cómo se realizó dicha representación y narran el argumento tal como se desarrolló en la representación.

A lo largo de su carrera musical, Francesca Caccini escribió otras obras representadas con música (el término *ópera* para este tipo de representaciones todavía no estaba en uso). Se sabe que musicó obras con texto de Miguel Ángel Buonarroti (sobrino del gran Miguel Ángel) como *La stiava* (cuya música se ha perdido), así como La fiera o *Festa delle Dame*, *Il ballo delle Zingare* (1614) o el drama sacro *Il martirio di Sant'Agata* (1622) con textos de Saracinelli y Galiano respectivamente. Es decir, que nos encontramos frente a una compositora avezada en este tipo de nuevo y costoso género musical que sería la ópera y que tanto gustaría a las cortes europeas.

AUDICIÓN:
**FRANCESCA CACCINI**
*LA LIBERAZIONE DI RUGGIERO ALL'ISOLA D'ALCINA: NON PERCHÉ CONGIURATI.*

AUDICIÓN:
**FRANCESCA CACCINI**
*LA LIBERAZIONE DI RUGGIERO ALL'ISOLA D'ALCINA: AURE VOLANTI*

*La liberazione di Ruggiero dall'isola d'Alcina*, fue llamada *Balletto* y el libreto corrió de a cargo de Ferdinando Saracinelli. El texto es una adaptación basada en un fragmento del poema épico o caballeresco *Orlando Furioso* (1515) de Ludovico Ariosto, texto que ha dado incontables argumentos

58. Solerti, A. (1905), pp. 178-183.

AUDICIÓN:
FRANCESCA
CACCINI
*LA LIBERAZIONE
DI RUGGIERO ALL'
ISOLA D'ALCINA:
QUI LASCIAI LA
MIA VITA*

operísticos en la historia de este género musical. Tenemos pues que, además de ser la primera ópera compuesta por una mujer, *La liberazione di Ruggiero* es también la primera ópera que no se basa en argumentos de mitología clásica sino en la mitología de las historias de caballería de los albores de la época medieval.

Como hemos visto, el poder económico de la alta nobleza ayudó a la composición de óperas, pero habrá que esperar casi setenta años hasta que encontremos otra ópera compuesta por otra mujer.

Elisabeth Jacquet de la Guerre desarrolló todas sus capacidades creativas ya a muy temprana edad como niña prodigio.

## Compositoras en la corte de Luis XIV

Si en la Europa del siglo XVII hubiese una corte que destacase sobre las demás, ésta, sin duda alguna, sería la de Francia con el rey Luis XIV en el trono. En esta poderosa corte encontramos a Elisabeth-Claude Jacquet de la Guerre (1664–1729). Al igual que sucede con Francesca Caccini, Elisabeth Jacquet de la Guerre forma parte del canon de compositoras femeninas más conocidas y estudiadas, y por ello está presente en numerosos artículos, libros, capítulos o blogs que tratan sobre compositoras en la historia de la música. Por ello remito a las mismas fuentes generales citadas para Francesca Caccini, además de las específicas para Elisabeth, para obtener una información más amplia y detallada.

Niña prodigio, Elisabeth Jacquet de la Guerre era hija del organista, teclista y constructor de clavicémbalos Claude Jacquet y fue su primer instructor musical que permitió que Elisabeth pudiera desarrollar todas sus capacidades creativas ya a muy temprana edad como niña prodigio. A los seis años realizó una audición en Versalles y pasó al cuidado de Madam de Montespan, que por aquel entonces era la amante del rey Luis XIV, que le procuró una educación igual a la de sus propios hijos, bajo las enseñanzas de Madam de Maintenon, que era la institutriz de los siete hijos del rey con Madam de Montespan. Madam de Maintenon, la institutriz, sustituyó a Madam de Montespan como amante y, posteriormente, se convirtió en reina de Francia gracias al matrimonio mantenido en secreto con Luis XIV.

El *Mercure Galante* hablaba en términos como «maravilla del siglo o la niña maravillosa» al referirse a Elisabeth Jacquet. Su capacidad interpretativa al clavicémbalo y en otros instrumentos de tecla, también de cantar y acompañarse, de acompañar a otros y de componer en cualquier tonalidad que se le pidiera, hicieron que fuera admirada por el público en general y, especialmente en la corte. Cuando en 1684 se casó con el también músico Marín de la Guerre, que ocuparía la plaza de organista en la iglesia de los jesuitas en París, se trasladó a dicha ciudad, aunque su vínculo con Versalles continuó vigente como cuando al año siguiente estrenó el ballet cantado *Les jeux à l'honneur de la victoire*, que fue tan del agrado de Luis XIV que tuvo que representarse varias veces, un hecho nada habitual en las obras de corte.

A diferencia de muchas de las mujeres que tocaban instrumentos y cantaban, o las que sabían crear música, Elisabeth Jacquet de la Guerre continuó su actividad musical durante su matrimonio y es considerada una de las compositoras más importantes de la historia de la música francesa y barroca. Su música fue la primera creada por una compositora que se publicó en Francia y sus cantatas *Esther*, *Susanne* y *Judith* fueron de las primeras publicadas en este país. Elisabeth fue la mujer que más piezas instrumentales compuso

AUDICIÓN:
ELISABETH
JACQUET DE LA
GUERRE
*JUDITH: LE COUP
EST ACHEVÉ*

en su época especialmente para clavecín. Además, empleó técnicas innovadoras como las dobles cuerdas en su sonata para violín o en las de violín, bajo continuo y viola de gamba, que son de las primeras partituras escritas que las contienen. Elisabeth Jacquet de la Guerre fue también la primera mujer que compuso una ópera que se representó en la Accademie Royale de Musique, su *tragedia en musique* en cinco actos *Céphale et Procris*, el 1694, y la segunda ópera compuesta por una mujer en la historia de la música.

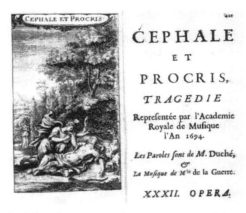

*Cephale et Procris : tragedie : representée par l'Academie Royale de Musique l'an 1694* (Libreto publicado en 1703). Library of Congress. Washington.

Tras enviudar en 1704 y perder a su hijo poco después, Elisabeth Jacquet de la Guerre continuó con su actividad musical, componiendo, imprimiendo su obra y realizando conciertos en salones, teatros y en su casa, lo cual le dio una gran fama. Sus sonatas y cantatas son innovadoras en el sentido que introducían el estilo italiano en Francia.

Una compositora estrechamente ligada con la corte de Luis XIV es la veneciana Antonia Bembo (1643–ca. 1715). Su vida en Venecia es bastante desconocida. Inicialmente se creyó que podría tratarse de una de las internas de alguno de los cuatro grandes orfanatos venecianos y que se habría cambiado el nombre al licenciarse, puesto que el gobierno de dicha ciudad no permitía a las internas de los *ospedalli*, los orfanatos

La veneciana Antonia Bembo estuvo estrechamente ligada a la corte de Luis XIV de Francia.

venecianos, ejercer como intérpretes en Venecia fuera de estos centros. Este hecho motivó que algunas de sus internas se cambiaran el nombre para dedicarse a la música fuera de ellos y burlar la legislación. Los datos que aportan las dedicatorias de Antonia Bembo en sus ediciones musicales conservadas en la Biblioteca Nacional de Francia en París, sumados a los recogidos en Venecia, sustentan que era hija del doctor Giacomo Padoani y su esposa Diana Paresco, como demuestran las investigaciones más recientes.

Antonia Bembo estudió música con Francesco Cavalli, uno de los principales compositores de Venecia en su época, además de pionero en la ópera comercial de las que compuso cerca de una treintena y que se representaron en los teatros venecianos. Antonia se casó con un miembro de la aristocrática familia Bembo, Lorenzo Bembo, del que tuvo dos hijos y una hija.

**Actualmente en Venecia podemos asistir a representaciones históricas de ópera barroca en el teatro San Casiano, que ofrece una programación estable de este género. https://www.teatrosancassiano.it/it/lopera-barocca/**

La vida de Antonia Bembo dio un giro inesperado cuando en 1677 se trasladó a París, se cree, con el guitarrista Francesco Corbetta. Antonia dejó a sus dos hijos a cargo de su padre y a su hija en el convento de San Bernardo de Murano. No se sabe qué sucedió, pero más tarde ella se describiría como una noble veneciana abandonada por el hombre que la llevó a París.[59]

AUDICIÓN:
ANTONIA BEMBO.
PRODUZIONI
ARMONICHE. IV,
*DOMINE SALVUM*
*FAC REGEM*

Sea como fuere, Antonia Bembo realizó una audición frente a Luis XIV, el cual quedó maravillado con su arte y a partir de aquí todo cambió para ella. El monarca le otorgó una pensión y un alojamiento en el convento Notre Dame des Bonnes Nouvelles de París. Desde entonces, Antonia Bembo se dedicó exclusivamente a la composición para actos y celebraciones en la corte de Versalles. Una de dichas composiciones es la que se considera su obra más importante: *Produzioni Armoniche* (1697), que contiene cuarenta fragmentos de textos sagrados dedicados en su mayoría al monarca Luis XIV o música para el Delfín de Francia.

El haber compositivo de Antonia Bembo contiene dos *Te Deum*, uno dedicado al nacimiento del duque de Bretaña y otro a la conservación de la salud del rey, motetes, varios salmos y una ópera, *Ercole amante*, compuesta en 1707. Lo curioso es que el libreto que utilizó Antonia Bembo fue escrito por Francesco Butti y musicado en 1662 en una ópera homónima por Francesco Cavalli, el antiguo profesor de música de Antonia Bembo, con ocasión del matrimonio de Luis XIV con María Teresa de Austria en 1660. La construcción de un nuevo teatro con tramoyas y los últimos avances tecnológicos retrasaron la estrena de la ópera de Bembo dos años. A diferencia de la obra de Cavalli, Antonia Bembo introdujo los gustos franceses en la ópera, tanto en el tipo de obertura y coros, como los números de danza, tan presentes en la ópera francesa y que tanto gustaban al Rey Sol. Aparte de ello, nada se sabe de esta ópera, ni qué motivó su composición o siquiera frente a quien llegó a representarse.

---

59. Garvey Jackson, Barbara (2001), p. 120.

Maria Antonia Walpurgis de Baviera fuen una notable mecenas artística, además de crear los libretos de varias cantatas y obras líricas.

## Damas de la alta nobleza y sus composiciones operísticas

Tratando de la música y las óperas de corte, en el siglo XVIII se da el caso de una archiduquesa muy conocida y estimada como mecenas de la cultura. Se trata de María Antonia Walpurgis de Baviera (1724 – 1780) de la que hablamos más ampliamente en el capítulo *Las reinas de la música*.

Maria Antonia Walpurgis de Baviera estudió música con Giovanni Fernandini Giovanni Porta, Niccola Porpora y Adolph Hasse. Patrocinadora de los dos últimos, era una devota admiradora de la música de Hasse, en concreto de sus óperas, muy diferentes del estilo napolitano de Giovanni Battista da Pergolesi que estaba en auge aquellos tiempos gracias a su obra *Serva e padrona*. En aquellos años también encontramos a Christoph Willibald Gluck, que defendía una ópera menos farragosa sin tantos ornamentos ni demostraciones virtuosísticas en las repetitivas arias *da capo*, además

Portada de *Talestri*. E.P.T.A., Ermelinta Pastorella Talea Arcadia, era el seudónimo con el que María Antonia Walpurgis firmaba sus creaciones. 1760. Library of Congress. Washington.

AUDICIÓN:
ANNA AMALIA DE BRUNSWICK – WOLFENBÜTTEL *ERWIN UND ELMIRE: OVERTURE.*

de un cambio en el recitativo *secco*, que sólo era acompañado por el bajo continuo como sucedía en la ópera de Pergolesi. Con Gluck, la orquestación obtuvo un papel mucho más importante, así como el drama, a quien se debe la música y no al revés. Las arias da capo son sustituidas por arias estróficas y los recitativos secos por recitativos dramáticos. Sus ideas compositivas hicieron correr ríos de tinta entre detractores y seguidores por toda Europa. Un ejemplo de este estilo de la reforma de la ópera es *Orfeo y Euridice* de Willibald Gluck. Es significativo que precisamente fuera Maria Antonia Walpurgis quien propiciara la representación de dicha ópera, *Orfeo y Eurídice* de Gluck, en Berlín, una obra completamente contraria a sus gustos y con todo lo que ello conllevaba de transformación.

Además de ser mecenas del arte y admiradora de compositores de ópera como A. Hasse, María Antonia Walpurgis escribió los libretos de todas las cantatas y obras líricas de G. Fernandini, su profesor, además del texto de la cantata *La conversione di Sant'Agostino* de A. Hasse. Fue bajo las enseñanzas de este compositor que María Antonia Walpurgis dio un paso más y compuso dos óperas. *Il trionfo della fedeltà*, que contó con la asistencia de Hasse y el texto de Metastasio, se estrenó en 1754 en Dresde y se imprimió en los talleres de B. C. Breitkopf. También se representó en Múnich (1761), Bonn (1769) y Padua (1769). Su segunda ópera es *Talestri regina delle amazoni*, escrita en colaboración del compositor G. Fernandini y estrenada el seis de febrero de 1763 en el palacio de Nymphenburg de Múnich e impresa en 1765. Se cree que ella misma interpretó algún rol como cantante, pues era conocida su capacidad, tal como también comenta Charles Burney en sus escritos de viajes musicales por Alemania.

Otra miembro de la alta nobleza que compuso ópera fue Anna Amalia de Brunswick–Wolfenbüttel (1739–1807), duquesa de Sajonia, Weimar y Eisenach. Al igual que otros miembros de la realeza europea, Anna Amalia de Brunswick fue una mujer de una cultura excepcional y una gran mecenas del arte. Durante su regencia, la corte de Weimar fue conocida como la corte de las musas por su gran labor como protectora del arte y de la cultura, a pesar de las dificultades de la regencia de sus territorios. En lo referente al campo musical, estudió bajo las enseñanzas de Friedrich Gotlieb Fleischer y fortepiano y composición con Ernst Wilhem Wolf. Sería destacable su relación con Johann Wolfgang von Goethe, quien llegó a la corte de Weimar bajo la regencia de Anna Amalia. Ella misma musicó un *singspiel*, una opereta, con el texto de Goethe: *Erwin und Elmire*. Sus composiciones abarcan además el lied, música de cámara y música sacra.

## Maria Teresa Agnesi Pinottini.
## Una compositora de primer orden.

Si tratamos la ópera italiana del siglo XVIII, una de las grandes olvidadas de los libros de historia de la música que últimamente está siendo rescatada del olvido es Maria Teresa Agnesi/Pinottini (1720-1795). Era hija de una familia burguesa de Milán dedicada a la industria y comercio textil. Su padre, Pietro Agnesi Mariani procuró una educación igualitaria a sus veintitrés hijos habidos de tres matrimonios. María Teresa y María Cayetana, su hermana mayor, destacaron en las academias culturales llevadas a cabo en el salón de su casa. María Cayetana Agnesi brilló como científica, especialmente en el cálculo diferencial que plasmó en su obra más conocida titulada *Instituciones Analíticas* que se publicó y difundió por toda Europa.

Su hermana María Teresa, en cambio, destacó en sus dotes musicales e interpretativas al teclado, especialmente en el clavicémbalo. A los trece años había compuesto varias piezas y estaba trabajando en un oratorio. Durante toda su vida compuso al menos cinco obras que podemos clasificar como óperas, que fueron tituladas en su época como *dramma serio*, *dramma eroico*, o *componimento drammatico*, además de un *canto pastorale* y una serenata. Así pues, tenemos a una compositora que escribió música para las representaciones de *Il restauro en Arcadia* (drama pastoral) y que se estrenó en el teatro Reggio Ducale de Milán el 1747. Su ópera *La Sofonisba* fue enviada a Viena a la corte imperial de Francisco I para ser representada en conmemoración de la onomástica de la emperatriz María Teresa, que cantaba las arias que María Teresa Agnesi le había enviado previamente.

*Nitocri* (1752) es otra de las óperas escritas por la milanesa María Teresa Agnesi, el mismo año en que se casó con Pietro Antonio Pinottini y, al año siguiente compuso *Ciro in Armenia* que dedicó a Federico Augusto de Sajonia, rey de

Libreto de *Ciro in Armenia*
(1753). Library of Congress.
Washington.

Polonia, y que también se representó en el teatro Regio de Milán en 1753.

Pasarían unos años en los que María Teresa se dedicaría a la composición de piezas instrumentales y vocales como cantatas, conciertos, sonatas y una suite de danzas antes de volver a componer o, al menos estrenar otra de sus óperas, en este caso, *Il re pastore*, que se estrenó en Nápoles, uno de los centros operísticos más importantes del momento, posiblemente en el teatro San Carlo, en 1765. Este mismo año, también en Nápoles, se representó su «serenata» *Ullise in campania*, una obra para cuatro solistas, coro y orquesta, en la que el coro participa en el desarrollo de la acción y se divide según convenga, como sucede en el fragmento en que unos representan a los cumanos y el resto a los compañeros de Ulises. Este tipo de acción musical no era para nada habitual en su época. Al estrenar en Nápoles, María Teresa Agnesi Pinottini deviene la primera mujer, que se tenga constancia, en representar sus óperas en un teatro comercial.

Su última ópera sería *La insubria consolata*, que se representó en Milán en ocasión del compromiso matrimonial entre el archiduque Fernando I y la princesa María Ricarda Beatriz de Este.

Una característica común en los compositores de ópera de la época era escoger a los cantantes y a los músicos, preparar los ensayos musicales, además de dirigir la orquesta. Un caso excepcional es el de María Teresa Agnesi, puesto que ella misma dirigió las representaciones de sus óperas desde el clavicémbalo, realizando todo el trabajo que se esperaría de un homólogo masculino. Así pues, escogió a sus cantantes y músicos y los preparó y dirigió como cualquier compositor de ópera del momento.

María Teresa Agnesi no publicó en vida y a ello puede deberse el no aparecer en los libros ni diccionarios dedicados a la ópera publicados hasta los últimos años, donde sí empieza a aparecer. Afortunadamente su obra está siendo rescatada y registrada, especialmente sus cantatas, arias y conciertos, aunque no tanto sus óperas.

## Compositoras de ópera en los años de la Revolución francesa

Si en el siglo XVIII ocurrió un hecho histórico que cambió en gran parte el espíritu de la sociedad europea, este fue la toma de la Bastilla y lo que conllevó la Revolución francesa de 1789. En los años previos y posteriores a este suceso histórico encontramos compositoras de ópera y operetas en la capital francesa. Una de ellas es Marie Emmanuelle Bayon Louis, conocida como Mme. Bayon Louis, a la que se considera introductora del fortepiano en París. Asistía al salón de Mme. de Genlis, uno de los más reputados de París, donde interpretó sus composiciones. Mucha de su música se ha perdido y se sabe que compuso varias *opéras-comiques*, una de ellas *Fleur d'épine*, en 1776.

Mme. Bayon/Louis: *Fleur d'Épine*. (fragmento). Ed. 1777. Library of Congress. Washington.

Otra compositora francesa de esta época fue Lucille Grétry (1772–1790). Hija del compositor belga André Ernest Grétry, Lucille Grétry con solo catorce años compuso *Le mariage d'Antoine* (1786) que se representó en la *Comedie-Italienne* de París con cuarenta y siete representaciones hasta febrero de 1791. A pesar de fallecer a los diecinueve años de tuberculosis junto a sus otras dos hermanas, Grétry compuso las obras *Des les premiers jours du printemps* o *Toinette et Louis*, entre otras. Poco antes de su muerte, fue honrada por Maria Antonieta con el título *Filleule de la Reine de France*.

Henriette Adélaïde Villard de Beaumesnil (1748[60]–1813) fue una excelente actriz, bailarina y una de las cantantes más importantes de la *Grand Opéra* de París. Perfectamente instruida en música, se dedicó a la composición de óperas cuando su voz empezó a decaer. En 1781 representó su primera ópera Anacréon en la residencia del conde de Provenza. Tres años después, en 1784, estrenó en la corte *acte de ballet Tibulle et Délie, ou Les Saturnales* (también conocida como *Les fêtes grecques et romaines*), que se representó en la Ópera de París un més después. Otra de sus óperas, *Plaire, c'est commander,* se representó como ópera cómica en el Théâtre Montansier de Paris el 1792. En su haber tiene otras composiciones, entre ellas el oratorio *Les israelites poursuivis par Pharaon* (1784).

---

60. Algunos autores datan su nacimiento en 1758.

Quizás la compositora de este momento más destacada en París sea Amélie Julie Candeille (1767–1834) que fue una niña prodigio como cantante, arpista y pianista. Candeille se dedicó al mundo escénico como cantante de ópera. Hizo el rol de Iphigenia en *Iphigénie in Aulide* de Gluck en la Gran Opera de París y también trabajó como actriz en el Théatre Français. Candeille tiene en su haber varias óperas cómicas de las cuales, además de escribir la música, también acostumbraba a crear sus textos. Un ejemplo de una ópera de Candeille sería *Catherine ou la belle fermiere* (1792), cuya protagonista escribe y toca el arpa y fue ella misma quien dio vida al personaje de Catherine en su representación en el Théatre Français. Esta ópera cómica tuvo tanto éxito que se representó más de ciento cincuenta veces en treinta y cinco años. Cabe recordar que en aquella época no era habitual la reposición de obras de años anteriores a no ser que hubieran sido completamente exitosas. Otras óperas de Amélie Julie Candeille son *Bathilde ou Le duc* (1794) o *Ida, l'Orpheline de Berlin* (1807).

Amélie Julie Candeille fue una niña prodigio como cantante, arpista y pianista.

## Viena y las compositoras de ópera

En el cambio de siglo del XVIII al XIX no podemos olvidar uno de los centros musicales más importantes de Europa como fue Viena. En dicha ciudad encontramos a Maria Theresia von Paradis (1759–1824) que fue una de las compositoras más prolíficas del clasicismo vienés y que tratamos más ampliamente en el capítulo *Educación musical* de este libro. El salón musical de Maria Theresia von Paradis era uno de los más reputados de la Viena clásica. Por él pasaron literatos, músicos, viajeros, y artistas deseosos de conocer a esta dama de la alta sociedad que ofrecía clases de música para ciegos como ella y no ciegos, ya fueran profesionales o amateurs. Ella misma fue una intérprete de prestigio en canto e instrumentos de tecla, en los que destacaba como una excelente pianista. Antonio Salieri, Wolfgang Amadeus Mozart y quizá también Franz Joseph Haydn escribieron para Von Paradis algunos de sus conciertos para piano.

Maria Theresia von Paradis además de pedagoga y una excelente intérprete fue una compositora muy prolífica, con dieciséis sonatas para piano, un trío y dos conciertos para el mismo instrumento, aparte de numerosos lieder y canciones italianas, una cantata, una sonata para violín y piano y la que es, quizás, su obra más célebre, la *Sicilienne* para instrumento de cuerda y piano.

Además de toda esta música de cámara, Maria Theresia von Paradis compuso música escénica. Musicó un drama de un acto titulado *Ariadne und Bacchus* que se estrenó en 1791, una opereta titulada *Der Schulkandidat* que tuvo mucho éxito y se representó seis veces en el teatro Martinelli de Viena en la temporada 1792 – 1793, y dos óperas: *Ariadne auf Naxos* y *Rinaldo und Alcina*, de tres actos, representada en Praga y que está basada en otro fragmento de *Orlando Furioso* de Ariosto y que se publicó en 1794.

Libreto de *Rinaldo und Alcina*, en el que la impresión indica el autor del texto Ludwig v. Baczko y omite a la compositora de la música. Alguien escribió a mano el nombre de la autora en la página de la izquierda: allí podemos leer: Journal des luxus und der moden. 1787. P. 566. Musik Frl. Maria Theresia Paradies, Library of Congres. Washington.

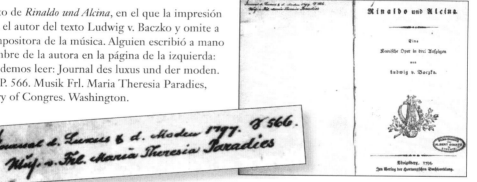

No es extraño que no aparezca el nombre de la compositora, ya que este documento se trata del libreto y no de la partitura y a ello cabe añadir que se trataba de una mujer, por lo que para nada era habitual que imprimiera su música. Se da el caso que Maria Theresia von Paradis en una entrevista en el *Allgemeine musikalische Zeitung*, en 1810, fue preguntada sobre por qué no publicaba su música y ella respondió con otra pregunta muy clara: «¿Se retirarían los compañeros y hombres artistas si yo, como mujer, y especialmente como mujer ciega, quisiera competir con ellos?»[61] Cabe recordar que los roles de los músicos estaban muy claros en la Europa occidental de la época del clasicismo y que una mujer se dedicase a la composición musical no estaba socialmente bien visto. Publicar era dar a conocer su música, pero también su nombre y su género, además de obtener unos beneficios

---

61. Citron Marcia J. (1987), p. 230.

económicos, otro impedimento para una dama de la alta sociedad que se precise. Impartir clases, interpretar música para sus invitados o componer de forma puntual y como excepción se podía permitir, pero no más. ¿Algún hombre se atrevería a competir con una mujer de tal magnitud y quedar en entredicho en caso de perder? La respuesta es obvia.

Maria Theresia von Paradis recibió una exquisita instrucción musical como demuestran las fuentes conservadas y, segura de su saber hacer frente a un pentagrama o un teclado, no dudó ni un segundo en sus capacidades cuando respondió. ¿Qué compositor se hubiera arriesgado a competir con una compositora de tal calibre? ¿Cómo quedaría después la reputación del compositor en caso de perder? Anécdotas aparte, el hecho de no publicar es la causa que mucha de la música de Maria Theresia von Paradis, y de muchas otras compositoras que se encontraban en su misma situación, desafortunadamente se perdiera o se conservara fragmentariamente.

Fisarmónica atribuida a Alexander- François Debain (ca. 1860). MET. Nueva York.

Muchas compositoras eran consideradas intérpretes, generalmente pianistas, que creaban obras musicales para tocarlas ellas mismas y algunas de ellas se introducían en el mundo de la composición de óperas con una o dos composiciones. Una de ellas fue la austríaca Anne Marie Leopoldine Blahetka (1809–1885), conocida como fisarmonista, pianista, profesora y compositora.

Como muchas de las jóvenes, recibió las primeras lecciones en su hogar. En su caso, Leopoldine estudió con su madre. Ya de muy pequeña realizaba audiciones y a los cinco años impresionó nada más y nada menos que a Ludwig van Beethoven, quien recomendó a su familia que la pequeña Leopoldine estudiase piano con Joseph Czerny. Y así lo hicieron. Posteriormente estudió piano con Kalkbrebber y Moscheles, y fisarmónica (predecesor del armonio) con Hyeronimus Payer. Leopoldine Blahetka fue una gran virtuosa de la fisarmónica tal como atestiguó Robert Schumann en su *Gesammelte Schriften*. Su carrera como intérprete se inició bien temprano, a los nueve años y a los once fue la pianista solista de la ejecución del segundo concierto para piano de L. V. Beethoven en 1820. Como concertista intentó programar también su propia música. Su carrera interpretativa la llevó a Holanda, Gran Bretaña, Alemania y Francia, además de su Austria natal. De su obra destacan sus variaciones para orquesta, su diversa música de cámara con un cuarteto, varias variaciones y piezas de danza, además de una extensa música para piano entre la que encontramos danzas como rondós, cuadrillas y polonesas, un dúo para piano y varias variaciones sobre diversas piezas. Compuso algunos lieder, un Padrenuestro y un Avemaría.

Leopoldine Blahetka compuso también una ópera considerada un *singspiel* (similar a la ópera-cómique francesa o a la zarzuela española) titulada *Die Raeuber und der Saenger*, en 1830 y que se estrenó sin mucho éxito en el Kärntnertortheater de Viena el veintidós de marzo de 1830.

Sus composiciones instrumentales se distribuyeron comercialmente en varias ediciones a partir de 1822, en un total de sesenta y cuatro obras publicadas y, aunque la mayoría de sus composiciones exigían a un intérprete virtuoso, también escribió obras técnicamente más sencillas, lo que la convirtió en una de las compositoras más exitosas del siglo XIX. La crítica contemporánea resaltaba su toque como intérprete, sus líneas melódicas y cantables, además de una técnica brillante. Así pues, su inmersión en el mundo operístico sería un eslabón más en su brillante carrera.

## Óperas de compositoras en el París del Romanticismo

Si hubo una familia musical importante relacionada con el canto en el París del XIX, sin duda sería la familia del profesor de canto Manuel García, cantante español afincado en París que fue el patriarca de varios hijos e hijas dedicados al canto, a la docencia y a la composición. De toda su descendencia, en este capítulo cabe destacar a dos de sus hijas: María García Malibrán (1808–1836), con una voz que se podría clasificar como de soprano *sfogato*, que abarca una amplia tesitura con la oscuridad en los graves de una contralto y con el brillo en los agudos de una soprano ligera, y su hermana menor, Pauline García Viardot (1821–1910) fue también una brillante cantante, en su caso con tesitura de mezzosoprano, que también se dedicó a la enseñanza y a la composición. Entre sus creaciones encontramos más de cien piezas vocales como arias, un dúo, diversos lieder y canciones, además de creaciones para coro y también música instrumental, especialmente para piano, pero también para agrupaciones de cámara y seis obras escénicas entre óperas, operetas y una pantomima.

Pauline Viardot estudió canto con su padre, Manuel García y con su madre Joaquima Sitches, además de tomar lecciones de piano con Franz Liszt y composición con Anton Reicha. Tuvo una brillantísima carrera como cantante en la que destacó su voz y su capacidad interpretativa, que causó una gran admiración en toda Europa. Como pianista tocó duetos con Clara Schumann y estrenó la rapsodia para alto de Johannes Brahms el tres de marzo de 1870.

Cuando Pauline Viardot tenía cuarenta y dos años, en 1863, se retiró de los escenarios y abandonó Francia por motivos políticos con su esposo y sus tres

AUDICIÓN: PAULINE VIARDOT LE DERNIER SORCIER, ACTO I: *AH, LA SOTTE EXISTENCE*

AUDICIÓN: PAULINE VIARDOT LE DERNIER SORCIER, ACTO II: *SALUT! SALUT! O FORÊT BIEN AIMÉE*

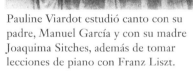

Pauline Viardot estudió canto con su padre, Manuel García y con su madre Joaquima Sitches, además de tomar lecciones de piano con Franz Liszt.

hijos menores y se trasladaron a Baden Baden junto a Turgenev, quien escribió los libretos de sus operetas. En Baden Baden, Pauline Viardot ejerció de profesora de canto a un alumnado de origen internacional, lo que nos da una muestra de su prestigio como intérprete y como profesora. En el jardín de su casa se hizo construir un pequeño teatro de ópera en el que sus alumnos cantaban sus operetas como ejercicio práctico a sus lecciones. Una de ellas, *Le dernier sorcier* (1869), se representó con un arreglo orquestal el mismo año en Weimar, y un año después, en 1870, en Riga y Karlsruhe.

Entre sus composiciones escénicas tenemos las operetas *Trop de femmes* (1867), *L'ogre* (1868), *Le conte des fées* (1869) y *Le dernier sorcier* (1869), además de la ópera *Cendrillon* (1904) y la pantomima *Au Japon*.

Pauline Viardot en absoluto se consideraba una compositora, aunque sus trabajos demuestren una capacidad creativa y una técnica completamente profesional, sino que para ella eran una expresión más de su pasión por la música y el drama. Como pedagoga del canto escribió el tratado basado en el método García *Une heure d'étude: exercices pour voix de femmes* (1880) y el recopilatorio de piezas de canto tratadas como estudios con indicaciones de fraseo, acentuaciones y e interpretación *École Classique de*

Libreto en alemán de *Le dernier sorcier*, compuesta por Pauline Viardot. 1870. Library of Congress. Washington.

*Chant* (1861) que devienen dos documentos de extrema importancia para conocer, estudiar y entender la práctica del canto escénico del siglo XIX. La hija mayor de Pauline Viardot, Louise Héritte (1841–1919) fue también cantante, en su caso en la tesitura de contralto, profesora y compositora de la ópera cómica *Lindoro*, que se representó en Weimar en 1918.

En el París de la Revolución hemos visto varios ejemplos de mujeres intérpretes que componen óperas y óperas cómicas. En el París del Romanticismo encontramos a Augusta Holmès (1843–1907), pianista de ascendencia irlandesa, que sigue el patrón que hemos visto anteriormente: una intérprete que también da clases y compone y que empezó en el mundo de la música a muy temprana edad. Holmès dirigió una banda militar en la interpretación de una composición suya ya a los once años de edad. Estudió con los más prominentes profesores de Francia como Henry Lamber, el organista de la catedral de Versalles, que le dictó lecciones de contrapunto y armonía, también estudió instrumentación con Camille Saint-Saëns y composición con Cesar Franck a partir de 1875.

AUDICIÓN:
**AUGUSTA HOLMÈS** *ANDROMEDE*

A pesar de ser una intérprete muy valorada, Holmès no se subió a un escenario público para hacer conciertos, sino que era pianista en los salones de la aristocracia y la alta burguesía parisina. Cabe recordar que muchas grandes

intérpretes, como lo fue Augusta Holmès, estaban sometidas a las estrictas normas sociales y que una mujer tocara en público no estaba muy bien visto en la sociedad decimonónica (y posterior). Pese a ello, Holmès dirigió algunos de los ensayos de sus obras. La primera de ellas fue su obra orquestal *Les Argonautes* que se interpretó en el *Cirque d'Hiver* gracias al programador Jules Pasdeloup, que fue la primera de veinticuatro interpretaciones entre la primavera de 1881 y la de 1882. En 1888 se produjo la estrena de su *Ludus pro patria* en la Société des Concerts du Conservatoire, todo un honor para una mujer.

La crítica musical le fue favorable escribiendo de ella que estaba encaminándose para estrenar muy pronto en la Ópera de París, el templo musical de este tipo de representaciones musicales en el siglo XIX. Finalmente, en 1895, Augusta Holmès se convirtió en la primera compositora decimonónica en tener una obra programada en la Ópera de París, donde estrenó *La montagne noire*, que fue tachada de pasada de moda por la crítica y, aun así, tuvo trece puestas en escena, muchas más que las premières de cualquier compositor novel o que las óperas de R. Wagner *Lohengrin* y *Die Walküre*, el *Othello* de G. Verdi o *Samson et Dalila* de C. Saint-Saëns que se representaron en la misma temporada.[62] Su ópera *La Montaigne noire* tuvo sus revivals en el Covent Garden de Londres y el Metropolitan de Nueva York. Holmès previamente a esta ópera había compuesto tres más que no llegaron a programarse: *Astarté* y *Lancelot du Lac*, ambas en la década de 1870 y *Héro et Léandre* en 1874-5. Asimismo, era habitual que muchas de las compositoras se escribieran sus libretos. Augusta Holmès dejó cinco libretos de ópera sin musicar: *Le fils d'Olivier*, *Marie Stuart*, *La merrow* y *Norah Greena* a finales de la década de 1880 y *La belle Roncerose*, en la década de 1890. Su ópera *La montaigne noire* tenía el libreto de Joubert.

---

62. Pasler, Jann (2014), p. 218.

Augusta Holmès fue muy conocida como compositora en París, de la que se decía que su música era muy masculina. Fue la mujer más interpretada en el último cuarto del siglo XIX. Un momento cumbre para su carrera fue cuando compuso la música de la ceremonia de inauguración de la Exposición Universal de París de 1889, con una dotación de 300.000 francos por parte del gobierno francés.[63] En dicha exposición se realizaron cinco conciertos oficiales y ella fue la única mujer programada en ellos.

> «Música masculina» era uno de los adjetivos o características que se adjudicaban a la música energética y muy rítmica compuesta por mujeres y que se interpretaba en los mismos escenarios que las compuestas por varones.

Tuvieron que pasar diecisiete años hasta que otra ópera creada por una compositora se representara en el teatro de la Ópera de París. En este caso fue *Le Cobzar*, una ópera de Gabrielle Ferrari que se había estrenado en versión reducida en Montecarlo en 1909, y que tuvo su estrena en la Ópera de París el 30 de marzo de 1912. Gabrielle Ferrari (1851–1821), francesa de origen italiano, tiene muchas similitudes con Augusta Holmès: pianistas reconocidas y mujeres dedicadas a la composición en un mundo laboral prácticamente masculino. La ópera de Holmès, pese a haberse representado trece veces, tuvo una fría acogida por parte del público parisino. En cambio, *Le Cobzar* de Ferrari disfrutó de una recepción más cálida. Quizás el rol femenino empezaba a notar cambios sociales en los casi veinte años que separaban una estrena de la otra. Gabrielle Ferrari trabajó como compositora después de casarse, algo muy difícil de entender en años anteriores. Los movimientos feministas, especialmente de las sufragistas, dieron una visibilidad a las mujeres que hasta entonces no tenían. Cabe recordar que el sufragio femenino no se instauró en Francia hasta el año 1944.

AUDICIÓN:
GABRIELLE
FERRARI
*CHANSON D'EXIL*

Gabrielle Ferrari, había escrito siete óperas previas a *Le Cobzar*, tres de las cuales restan inacabadas. Como óperas completas de Gabrielle Ferrari tenemos la citada *Cobzar* (1909 y 1912) con

---

63. Ibídem.

libreto de P. Milliet y Bacaresco y previas a ella: *Sous le masque* (1874); *Le dernier amour*, con libreto de Berlier, estrenada en el Théatre Mondain el 11 de junio de 1895; *L'âme en peine* (1896) con libreto de A. Bernède; y *Le Tartare*, con libreto de H. Vacaresco, estrenada en el teatro Fígaro el 19 de junio de 1906. Como incompletas tenemos *Le captif*, con libreto de Vacaresco, *Lorenzo Salvièri*, con libretro de Bernède y Vacaresco y *Le Corregidor*, con libreto de Milliet.

Como se puede observar en el listado de óperas anterior, tenemos que Gabrielle Ferrari trabajó colaborativamente con libretistas. El caso de Ferrari deberíamos tomárnoslo como una excepción: mujer casada que trabaja como compositora, que crea óperas que se representan en teatros parisinos y que trabajaba colaborativamente con libretistas masculinos. Muy moderno para su época. Como decía, una excepción. Cabe recordar que Augusta Holmès también trabajó con el libretista Joubert, autor de su única ópera representada, *Le montaigne noire*.

El mundo de la composición no era francamente accesible para las mujeres. Si bien podían aprender a tocar instrumentos siempre acordes a un canon estético y de belleza postural a la hora de interpretarlo, muchas de ellas dejaban de tocar una vez casadas y entonces se dedicaban a divertir y entretener a sus huéspedes y familia. Muy pocas eran las que tocaban en público ya que era considerado una exposición pública y para nada acorde con las normas que marcaba la sociedad. La composición no siempre fue una de las asignaturas permitidas a las jóvenes estudiantes de conservatorios, por lo que en el caso que la estudiaran, debían hacerlo mediante clases particulares con profesores o familiares que les enseñaran los rudimentos compositivos, que muchas veces eran sólo para enseñar a crear acompañamientos o pequeñas piezas musicales y no grandes obras en extensión armónica para ser interpretadas en el hogar. Por ello hay muy pocas mujeres que se sepa que compusieron ópera, ya que no tenían acceso libre a la instrucción, a la que se tendría que añadir el peso de las normas sociales. Aun así, existen algunas compositoras que se insertaron en el mundo de la ópera, pero no plenamente como un compositor específico de teatros operísticos. Me imagino los problemas que debió tener Maria Teresa Agnesi Pinottini cuando dirigió sus composiciones frente a empresarios, músicos, intérpretes, cantantes nada habituados que quien dirigiera los ensayos musicales fuera una mujer. Diversas compositoras relatan sus dificultades en este campo, como Louisa Adolpha Le beau.

# Compositoras del siglo XIX en el ámbito germánico y norte de Europa

Una compositora muy apreciada en el ámbito germánico y que plasmó sus experiencias fue Luise Adolpha Le Beau (1850-1927). En su autobiografía *Lebenserinnerungen einer Komponistin* (Memorias de una compositora), publicado en 1910, plasma las dificultades vividas laboralmente. A pesar de ello, fue considerada la compositora más talentosa de su época contando con las alabanzas a sus creaciones por la crítica musical, como las escritas por Eduard Hanslick.

Luise Adolpha Le Beau tiene en su haber más de sesenta composiciones, desde música de cámara como un cuarteto y un quinteto de cuerda, también sonatas para varios instrumentos, un trío y un cuarteto para piano, más de catorce obras para piano como sonatas, conciertos y demás formas compositivas aptas para este instrumento, aparte de varias sinfonías fantasías, cantatas, música coral, lieder, un oratorio titulado *Ruth* y dos óperas tituladas *Hadumoth* (también considerada un oratorio) en 1888–91 y *Der verzauberte Kalif* (1901-03). De todas sus creaciones sólo se publicaron treinta y cinco.

AUDICIÓN: **Luise Adolpha Le Beau** *Sonata para violonchelo, op. 17, I Allegro molto*

Como vemos, no nos hallamos frente a una compositora circunstancial o juvenil, sino frente a una profesional de la composición. Como se ha dicho anteriormente, muy estimada por su público (realizó conciertos en toda la parte germánica interpretando sus propias composiciones) y alabada por la crítica. En el transcurso de su carrera musical recibió dos premios: su sonata para violonchelo, op. 17 obtuvo el primer premio en Hamburgo en 1882 y el 1893 ganó un premio en la Exposición Universal de Columbia.

Luise A. le Beau estudió con Clara Schumann y fue una de sus alumnas más aventajadas. También estudió con Joseph Rheinberger, época en la que alcanzó grandes éxitos. El posterior alejamiento de su profesor y su adhesión a una sección más conservadora de la música que no estaba nada de acuerdo con el crecimiento de adeptos a las transformaciones musicales de Richard Wagner en las instituciones, motivó que Le Beau encontrara muchas dificultades para poder programar sus obras, por lo que tuvo que trasladarse de Múnich a Wiesbaden, y de allí, a Berlín, de donde se desplazaría a Baden Baden, donde estableció su última residencia. Allí trabajó como compositora, profesora y crítica musical, siendo una de las primeras en dedicarse a este tipo de periodismo.

Louisa A. Le Beau era llamada con el sobrenombre *Emanzipierte dame* (la dama emancipada) y la crítica de Hanslick alababa su rigidez en las formas musicales y destacaba sus obras corales y piezas estróficas como sus mejores creaciones. De su música se decía, de nuevo, que era muy masculina.

La mayoría de las grabaciones de Louisa Adolpha le Beau son de su música de cámara y vocal, mientras que de sus óperas poca cosa se sabe. De *Hadumoth* se conoce que su estreno en 1894 obtuvo buenas críticas.

Una autora que se presenta en el capítulo *Pioneras y luchadoras*. Tenacidad, fuerza y confianza es Elfrida Andrée (1841–1929), compositora sueca ejemplo de tenacidad como mujer, intérprete y compositora, conocida por su obra orquestal y especialmente también para órgano que detallaremos en dicho capítulo, pero he creído conveniente también incluirla aquí ya que compuso una ópera bajo el título *Fritiofs Saga* (Göteborg, 1899). Previa a ella, ya había compuesto una cantata para solistas, coro mixto y orquesta: *Snofrid* (1879) que se interpretó varias veces en el periodo de cambio del siglo XIX al XX.

## La composición de ópera en el Reino Unido

En el resto de Europa, así como en América, hubo compositoras de ópera a finales del siglo XIX y durante el XX. Aun así, es difícil encontrar sus obras en los programas de los teatros, aunque algunas de estas compositoras alcanzaran fama y distinciones en su época, como la británica Dame Ethel Smyth (1858-1944) que, como muchas mujeres, empezó los primeros estudios en el ámbito doméstico. Contando con la oposición de su padre frente a la idea que una mujer pudiera dedicarse a la composición, Dame Smyth accedió al conservatorio de

Dame Ethel Smyth recibió el apoyo del círculo musical de Leipzig con Johannes Brahms, Clara Schumann, o Edward Grieg.

Leipzig en 1877 donde estudió composición. Debido al trato recibido por parte de sus compañeros, así como del personal del conservatorio, abandonó dicho centro con una gran decepción. A pesar de ello, permaneció en Leipzig donde recibió clases particulares de armonía y contrapunto de Heinrich von Herogenberg, además de recibir el apoyo del círculo musical de la ciudad con Johannes Brahms, Clara Schumann, o Edward Grieg entre otros.

Dame Ethel Smyth regresó a Londres para su debut orquestal con la interpretación de su *Serenade* y la obertura de *Anthony and Cleopatra* en 1890. La crítica recibió favorablemente dichos estrenos, pero lo más destacable fue la sorpresa cuando se descubrió que E. M. Smyth no era un hombre sino una mujer.

Como se ha comentado anteriormente, al igual que muchas de sus colegas que compusieron óperas, Ethel Smyth escribió la música y también el libreto (conjuntamente con su amigo Harry Brewser) de *Fantasio*, su primera ópera en 1892 y que se estrenó en Weimar en 1898 y en Carlsruhe en 1901, y también de *Der Wald* (1899-1901), que se estrenó en Berlín en 1902 y se representó también en Londres ese mismo año en la versión inglesa *(The forest)*, en Nueva York en

AUDICIÓN:
ETHEL SMYTH
*THE WRECKERS:
OVERTURE*

1903 y en Estrasburgo en 1904. Su tercera ópera, *The wreckers* (1902–1904) se estrenó en Leipzig en 1906 y el mismo año se representó en Praga. En Londres se estrenó en versión concierto el 1908 y se representó en 1909. *The Wreckers* fue escrita originalmente en francés *(Les naufrageurs)* y se basó en un drama homónimo de Cornish. Se tradujo al alemán *(Strandrecht)* para sus representaciones en el continente (y al inglés para sus representaciones en Londres *(The wreckers)*.

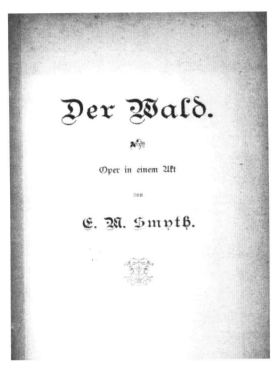

*Portada del libreto de Der Wald*, firmado como E. M Smyth. Library of Congress. Washington.

Su cuarta ópera devino la más exitosa y la que más se representó. Se trata de *The boatswain's mate* (1913 -1914), una divertida comedia con libreto de su propia autoría basado en un texto de W. Jacobs. Sus dos últimas óperas fueron escritas tras la Primera Guerra Mundial en la que Ethel Smyth acompañó a las tropas inglesas y estuvo en Francia. Se trata de *Fête galante* (1921 -1922) y la ópera cómica *Entente cordiale* (1923-1924) representada en Londres en 1925 y en Bristol al año siguiente.

Por supuesto Ethel Smyth escribió música orquestal, de cámara, para voz y también música coral. En su caso prefería el acompañamiento orquestal o de un pequeño grupo de cámara al acompañamiento sólo con piano. Asimismo fue muy solicitada para dirigir sus composiciones y las representaciones de sus obras. Afortunadamente, Ethel Smyth recibió varias distinciones en vida debido a su obra musical: dos doctorados *Honoris Causa* por la Universidad de Durham en 1910 y la de Oxford en 1926, además de la máxima distinción para un ciudadano del Reino Unido: en 1922 fue honorada con el título de Dama del Imperio Británico.

**AUDICIÓN:**
ETHEL SMYTH
*THE BOATSWAIN'S MATE: WHAT IF I WERE YOUNG AGAIN?*

Ethel Smyth fue una mujer tenaz, adalid de los derechos de las mujeres, que la convirtió en un icono del feminismo como firme defensora del sufragio femenino. Hablaremos de este aspecto en el capítulo *Pioneras y luchadoras. Tenacidad, fuerza y confianza.*

En el Reino Unido encontramos a más compositoras que tienen óperas entre sus creaciones. De unas generaciones posteriores a Dame Ethel Smyth, son Elisabeth Lutyens (1906-1983) y Elizabeth Maconchy (1907-1994).

**AUDICIÓN:**
ETHEL SMYTH
*THE PRISION: NÚM 2, VOICES SING OF IMMORTALITY*

Elizabeth Lutyens estudió en l'École Normale de París y en el Royal College of Music de Londres y su puesta de largo frente al público fue la representación de su ballet *The birthday of the Infanta* en 1932.

Su evolución musical la condujo hacia al dodecafonismo y al serialismo. Elisabeth Lutyens no se quedó allí, sino que creó una progresión musical con catorce notas en lugar de las doce del dodecafonismo. Lutyens combinaba sus series, ya fueran éstas de doce o de catorce sonidos a través de un serialismo particular que le reportó la crítica de sus colegas más puristas. No obstante a ello, Elisabeth Lutyens continuó experimentando también con el expresionismo y el neoclasicismo.

De ella cabe destacar que fue la primera mujer inglesa que compuso música para bandas sonoras de películas y programas de radio. En el año 1948 compuso la que fuera su primera obra en este campo con *Penny and the Pow-*

*nall Case*, y se especializó en la composición de bandas sonoras de filmología de terror como *Paranoiac* (1963), *Dr. Terror's house of horrors* (1965), *Theatre of death* (1967) o *The terrornauts* (1967), entre muchas otras. Las composiciones de bandas sonoras fueron una fuente de ingresos importante para la economía familiar, puesto que tenía cuatro hijos y el trabajo de su segundo marido, Edward Clark, como uno de los programadores más importantes de la BBC, no disfrutaba de una continuidad estable, como les sucede a tantas personas

AUDICIÓN:
ELISABETH
LUTYENS
*ISIS AND OSIRIS,
OP. 74: LAMENT
OF ISIS ON THE
DEATH OF OSIRIS*

que se dedican al campo de la cultura. Para ella, sus bandas sonoras eran consideradas música circunstancial sin ningún tipo de valor artístico.

Sus composiciones abarcan campos como música de cámara, música para instrumentos solistas, música orquestal, voz, música coral, música escénica y óperas/música escénica: las óperas de cámara *The pit* (1947) e *Infidelio* (1954), las óperas *The numbered* (1965-1967), *Time off? Not the ghost of a chancel* (1967-1968), *Isis and Osiris* (1969), la obra de teatro musical *The linnet from the leaf* (1972), la ópera *Waiting game* (1973), la balada operística *The goldfish bowl* (1975) y la ópera *Like a window* (1976), además del drama musical para radio *Penelope* (1950).

La música de Elisabeth Lutyens no fue siempre bien recibida por sus contemporáneos ni por sus colegas. Una muestra de ello es que, aunque algunas de sus obras escénicas daten de los años cincuenta y sesenta, no se estrenaron sobre las tablas de un escenario hasta la década de los setenta, como *Infidelio*, que se compuso en 1954 pero se representó en abril de 1973, o *Time off? Not a ghost of a chancel* que se compuso en los años 1967-1968 y se representó en 1972. Aunque su música no fuera del todo apreciada o valorada en sus inicios, Elisabeth Lutyens recibió premios y distinciones a finales de los sesenta. En 1969 se le hizo entrega del City of London Midsummer Price y también el mismo año fue nombrada Comandante del Imperio Británico. En 1972 publicó su interesante autobiografía *A goldfish bowl* en la que narra sus experiencias como compositora y su relación con el mundo musical que la rodeaba.

De la misma generación sería Elizabeth Maconchy, una compositora muy conocida en la Europa de los años treinta y posteriores, que empezó a crear sus piezas para piano a los seis años. Estudió en el Royal College of Music de Londres donde recibió lecciones de composición de Charles

La obra musical de Elizabeth Maconchy comprende ópera, cuartetos de cuerda, diversa música de cámara y composiciones orquestales, entre otras.

Wood y Ralph Vaughan Williams que, entre otros, la animaron a dedicarse a la composición. En 1929 ganó una beca para estudiar en Praga.

Fue a partir de 1930 cuando su obra atrajo la atención del gran público y empezaron a publicarse sus canciones. También estuvo presente en festivales de la BBC y de los festivales ISMC. A pesar de sufrir una tuberculosis en 1932 que la obligó abandonar Londres, continuó activa como compositora, carrera que le procuró diversos premios y reconocimientos, como el Edwin Evans Priza por su cuarteto de cuerda n° 5 que compuso en 1948 o el *London Country Council Prize for Coronation Year* por la obertura *Proud Times* compuesta entre 1952-53. Aun así, y después de todo ello, se le negó un prestigioso premio, el Premio Mendelssohn, con el argumento que «se le habría concedido este premio si estuviera casada y no hubiese seguido escribiendo».[64] Maconchy es un ejemplo de mujer que compaginó trabajo

64. Adkins Chiti (1995), p. 374.

AUDICIÓN:
ELIZABETH
MACONCHY
*THE SOFA:
OH, WHAT AN
INTRIGUING,
FASCINATING
SITUATION*

AUDICIÓN:
ELIZABETH
MACONCHY
*THE DEPARTURE:
OH, WHY DID
WE LIVE THE
HOUSE THAT
DAY?*

y familia, tal como hizo su homónima Elisabeth Lutyens. Su hija Nicola LeFanu es también una reconocida compositora.

Elizabeth Maconchy, fue distinguida como Comandante del Imperio Británico en 1977 por la reina Isabel II y también como Dama del Imperio Británico diez años después.

Si bien su obra comprende cuartetos de cuerda y diversa música de cámara, también incluye composiciones orquestales, entre ellas ballets, además música coral *a cappella* o con acompañamiento instrumental y también creaciones para voz, como puede verse en el capítulo *Pioneras y luchadoras. Tenacidad, fuerza y confianza*. Entre su haber compositivo encontramos cinco óperas: *The sofa* (1956 - 1957), *The three strangers* (1958 – 1967), *The departure* (1960 - 1961), *To Jesse tree* (1970), y *The birds* (1974) que está basada en un texto de Aristófanes. A todas estas óperas podemos añadir la opereta infantil *The king of the Golden river*, compuesta en 1975.

## Las primeras compositoras de zarzuelas y óperas en España

Fue en esta época, en los albores del cambio de siglo entre el XIX y XX, que encontramos la primera zarzuela compuesta por una mujer, Soledad Bengoechea de Carmena (1849–1894), conocida en el ambiente musical de Madrid y cuya *Misa en mi bemol* fue alabada por la prensa madrileña equiparándola a las de Palestrina y Morales,[65] por lo que podemos deducir su dominio de la música contrapuntística. Su balada lírico-dramática (zarzue-

---

65. Bofill, Anna (2015), p. 135 ebook.

la en un acto) *La flor de los cielos*, con libreto de Narciso Sáenz-Díaz Serra, se representó en el teatro de la Zarzuela de Madrid el 5 de abril de 1874. Asimismo, Soledad Bengoechea escribió la zarzuela en tres actos y con texto de Juan de la Puerta Vizcaino *A la fuerza ahorcan*, la cual suscitó los siguientes comentarios: «Escrita con una inspiración, una novedad y una maestría superiores a las que generalmente suele esperarse de una mujer, por privilegiada que esta sea».[66] Su estreno fue en el Teatro de la Zarzuela el seis de marzo de 1876. Su última obra escénica conocida es *El gran día*, una zarzuela de un acto cuyo libreto también escribió Narciso Sáenz-Díaz y se estrenó, de nuevo, en el Teatro de la Zarzuela el seis de marzo de 1876.

Habría que esperar diecisiete años para la primera ópera compuesta por una mujer en España y que, si todo hubiera sucedido como estaba previsto, se habría convertido en la primera ópera estrenada en uno de los grandes teatros de ópera de España por una mujer en el siglo XIX. Se trata de *Schiava e regina*, que fue compuesta por la catalana Lluïsa Casagemas i Coll (1873–1942). Al igual que sus compañeras de composición europeas, podríamos pensar en una niña prodigio y compositora precoz, que a los once años compuso un *Ave María* y a los diecisiete su ópera *Schiava e Regina*.

Los avatares de una época convulsa en la política y la sociedad española truncaron su estreno en el actual templo operístico barcelonés, el Gran Teatre del Liceu. Precisamente después de algunas audiciones de fragmentos en determinados salones de la burguesía barcelonesa como presentación de la ópera en sociedad, y frente a compositores de la que valoraron muy positivamente su fuerza dramática, la ópera *Schiava e Regina* fue programada la temporada de 1893–1894, una temporada negra en la historia del Gran Teatre del Liceu, ya que el 7 de noviembre de 1893, sufrió el atentado anarquista que causó una veintena de fallecidos cuando dos bombas Orsini, de las que estalló una, fueron lanzadas desde el quinto piso a la platea mientras se representaba el inicio del segundo acto de *Guillaume Tell*, de Gioachino Rossini. Este terrorífico y desdichado atentado motivó la suspensión de la temporada y con ello, el estreno de *Schiava e Regina* de la joven compositora barcelonesa.

Aunque se reprogramó para la temporada siguiente, finalmente no se llegó a representar. El público barcelonés, especialmente el de la burguesía, tenía miedo y sentía recelo a asistir a locales públicos debido al pánico a que se produjeran nuevos atentados. Debido a ello, el teatro reprogramó

---

66. Bofill, Anna (2015), p. 136 ebook.

actuaciones con obras conocidas y de moda, las cuales atraían a más público para, así, asegurar una entrada. Es decir, ingresos.

Desafortunadamente la ópera *Schiava e Regina* nunca se representó completa en España. Se conoce que su compositora, Lluïsa Casagemas, recibió un diploma honorífico en la Exposición Universal de Chicago en 1893 donde la autora la presentó. La reina regente Cristina de Habsburgo programó una sesión con fragmentos de la obra en una audición para la familia real en el Palacio Real de Madrid, y también se sabe que en el segundo acto fue realizado en versión concierto en el Conservatori del Liceu el año 1896.

A partir de aquí, nada más se supo de esta ópera hasta el año 2017. La partitura de esta histórica ópera estaba perdida, pero gracias a su esfuerzo y dedicación, la soprano y musicóloga María Teresa Garrigosa pudo rescatarla en el proceso de realización de su tesis doctoral. Gracias a su investigación, se sabe que Lluïsa Casagemas escribió más de trescientas obras, la mayoría para canto y piano, pero también encontramos la composición para orquesta *Crepúsculo* (1893) y la versión para voz y piano de otra ópera compuesta por ella titulada *I Briganti*, que compuso en 1895 aproximadamente, en la que pone en música el libreto que Andrea Maffei realizó basándose en *Los bandidos* de Fiedrich Schiller.

La vida compositiva de Lluïsa Casagemas termina, al menos públicamente, al contraer matrimonio con un destacado miembro perteneciente a la alta burguesía Barcelonesa en 1896, cuando Lluïsa Casagemas contaba veintidós años. Tal como le sucedió a la mayoría de mujeres que interpretaron y compusieron en su época, poco más se sabe de ella. Aparece en las notas de sociedad de los periódicos y, en poquísimas ocasiones, como pianista de concierto y profesora de violín después de enviudar en 1924.

España tendría que esperar más de veinte años en ver representada sobre un escenario una ópera compuesta por una mujer en uno de los grandes teatros. Se trata de *Becqueriana*, compuesta por María Rodrigo Bellido (1888–1967), y estrenada en el Teatro de la Zarzuela de Madrid en 1915. El texto era obra de los hermanos Álvarez Quintero y se basaba en las creaciones de Gustavo Adolfo Bécquer. María Rodrigo fue criada en un ambiente muy culto y progresista. Su hermana fue la primera mujer que se licenció en psicología en España, por ejemplo. María, además, hablaba alemán y francés. Estudió sus primeras lecciones musicales con su padre y luego ingresó en el Conservatorio de Madrid donde estudió la carrera de piano con José Tragó y se graduó en 1902 a los catorce años con el Premio Fin de Carrera.

Lluïsa Casagemas escribió más de trescientas obras, la mayoría para canto y piano.

AUDICIÓN:
**MARÍA RODRIGO**
*BECQUERIANA: 1A*

La ampliación de estudios la llevó a Francia, Alemania y Bélgica. Fue alumna de Richard Strauss en Múnich y estudió con compañeros como Wilhem Furtwängler y Carl Orff. Todo esto le dio un bagaje cultural y artístico casi impensable para una mujer del cambio de siglo. Se podría considerar a María Rodrigo la primera mujer compositora y pianista de España que pudo vivir de su trabajo. En sus numerosas composiciones hallamos óperas, zarzuelas, sonatas, música para conjuntos de cámara y orquesta, poemas sinfónicos, canciones infantiles y un largo etcétera que engloba toda la música que se creaba en su época. Como concertista dio innumerables conciertos por toda Europa como acompañante del tenor spinto Manuel Pinto. Gracias a su valía y a sus conocimientos musicales obtuvo la plaza de profesora en el Conservatorio de Madrid a partir de 1933, siendo catedrática de conjunto vocal e instrumental.

Debido a la Guerra Civil (1936-1939) marchó a un largo exilio del que ya no volvería. Estuvo en Francia, Suiza, Colombia y Puerto Rico, país en el que residió y pasó sus últimos días. Allí impartió clases en la Universidad Río Piedras.

Compositora e intérprete tenaz, escribió mucha música escénica entre la que hallamos sainetes líricos, zarzuelas y óperas. María Rodrigo escribió su primera ópera en 1914, con el título *Salmantina*, a la que siguió su primera obra representada en un teatro, *Becqueriana*, que se llevó a escena en el Teatro de la Zarzuela el nueve de abril 1915, año en que también se puso en las tablas de un escenario su zarzuela *Diana cazadora o Pena de muerte al amor*, que se estrenó en el teatro Apolo de Madrid el 19 de noviembre.

Cinco años después, también en el teatro Apolo estrenó el sainete *Las hazañas de un pícaro* y dos años más tarde, en 1922, se representó su comedia poética *El pavo real* en el teatro Eslava a la que siguió *Canción de amor* (1925), una ópera de cámara también con letra de los hermanos Álvarez Quintero, que también fueron los libretistas de su otra ópera *La flor de la vida*. Asimismo, María Rodrigo compuso la zarzuela *La romería del Rocío*, estrenada en el teatro Reina Victoria de Barcelona el 1921.

Como obras escénicas, María Rodrigo también creó el ballet infantil *La Cenicienta* en 1941 y el ballet *La carta, el Guante y la Rosa*, el 1945, mientras se hallaba en el exilio en Colombia, antes de su traslado a Puerto Rico, donde falleció en 1967.

Otra destacable alumna que surgió del Conservatorio de Madrid fue la salmantina María de Pablos Cerezo (1904–1999). De carrera brillante como compositora, María de Pablos recibió el Premio de Composición otorgado por el Conservatorio de Madrid en 1927. Para concursar en dicho premio compuso su poema sinfónico *Castilla* y un *Ave Verum* que le merecieron el primer premio por unanimidad. Al año siguiente, en 1928, fue la primera mujer que recibía la beca de la Academia de las Bellas Artes de Roma para poder continuar su labor interpretativa y compositiva. María de Pablos viajó a la ciudad eterna junto a su madre y allí dio diversos conciertos de sus composiciones. Para poder optar al premio de dicha beca, María de Pablos compuso la ópera de un acto titulada *La infanta Desdén*, cuyo libreto había sido escrito por Luis Fernández Ardavín, conocido poeta, dramaturgo, guionista y libretista de zarzuelas. De nuevo, María de Pablos consiguió la puntuación más alta y obtuvo, así, la prestigiosa y codiciada beca.

De Roma se trasladó a París, donde continuó sus estudios de armonía, composición y contrapunto con Paul Dukas, además de ingresar en la École Normale, donde recibió lecciones de la prestigiosa Nadia Boulanger. Boulanger, al hablar de María de Pablos, la definió como «Muy música —muy interesada—. Ha hecho un gran trabajo de imaginación. Tiene reales dotes artísticas».[67]

De regreso a España en 1933, se cree que su última composición fue *La cabrerilla*, obra para cuatro voces mixtas que compuso en 1934. Después de la Guerra Civil (1936 -1939), María se reincorporó al cuerpo femenino de Correos puesto que, siguiendo el consejo de su padre, había obtenido una plaza antes de partir hacia Roma. Desdichadamente, María padeció una enfermedad que la fue apartando de su vida cotidiana tras ser ingresada en el sanatorio Esquerdo de Carabanchel en la década de los cuarenta, por lo que no hay muchas más noticias sobre ella.

Otra compositora española de la misma generación de María de Pablos fue la madrileña Elena Romero Barbosa (1923-1996), conocida como pianista, profesora de música, compositora y directora de orquesta.

Mujer de gran cultura (hablaba alemán, francés, catalán, ruso, italiano e inglés) realizó su primer concierto de piano en el Círculo de Bellas Artes en Madrid a los doce años. En Madrid estudió con Balsa e interpretación con Salvador Bacarisse, quien sería su mentor, y con quien creó unos lazos de amistad y admiración que perdurarían para siempre. Sus estudios musicales la llevaron a Barcelona para perfeccionar su técnica pianística con Frank Marshall en su academia, además de composición con Ricard Lamote de Grignon.

En 1944, Elena Romero y su marido se instalaron en Madrid. Allí fue alumna de composición de Joaquin Turina, Julio Gómez y López Varela y su profesor de dirección fue Ataulfo Argenta. Posteriormente estudió en Friburgo, Breslau y Heidelberg, donde se perfeccionó en clavicémbalo. Dos de sus composiciones obtuvieron sendos premios: Premio Pedrell por su ballet *Títeres* en 1950 y el año 1976 el premio de la BBC por *Ensayo para orquesta sobre dos canciones sudafricanas* (1956 – 58). Trataremos más sobre ella en el capítulo *¡Mujeres en la orquesta!*, pero he creído oportuno incorporarla en este capítulo ya que, entre sus creaciones, además de música orquestal, de cámara, canciones, piezas para piano, para arpa, para ór-

---

67. Ruiz Mantilla, 2019.

gano, para guitarra y música coral encontramos la composición de música escénica como el premiado ballet *Títeres* y una ópera de cámara titulada *Marcela* (1957).

Al igual que en el caso de Elena Romero, pero de la generación de la postguerra, tenemos a María Lusa Ozaita Marqués (1939–2017), compositora, profesora, intérprete, investigadora y recuperadora de la música compuesta por mujeres. Presidenta fundadora de la Asociación Mujeres en la Música en España, entre sus innumerables obras encontramos una ópera–ballet titulada *Pelleas y Melisande* (1974) con Pablo Neruda como libretista. Aparte de esta composición también compuso obras escénicas como el ballet *La fuente del halcón* en 1961 y el teatro musical la *Balada de Atta Troll*, con textos de A. Casona en 1963. Sobre María Luisa Ozaita, intérprete internacional, maestra en el clavicémbalo, compositora infatigable e investigadora tenaz en la difusión de mujeres compositoras, trataré más de ella en el capítulo *Pioneras y luchadoras*.

AUDICIÓN: MATILDE SALVADOR I SEGARRA BETLEM DE LA PIGÀ: CANÇÓ DE BRES.

Otra compositora española que compuso ópera en el siglo XX fue la castellonense Matilde Salvador i Segarra (1918–2007), esposa del también compositor Vicente Asencio. Compositora con un gran número de obras, especialmente canciones y obra coral en la que pone música a los textos de los mejores poetas como Salvador Espriu o Xavier Casp, así como cantatas y música sacra, también creó obras para instrumentos solistas como el piano, el órgano, la guitarra o la dulzaina con el tabal, música de cámara y orquestal, además de dos óperas y música escénica como los ballets *El segoviano esquivo* (1953) y *El sortilegio de la luna* (1954), la cantata escénica *Retablo de Navidad* (1948) y la representación *Betlem de la Pigà* (1979).

Como compositora de ópera, escribió la ópera bufa *La filla del Rei Barbut* que se estrenó en Castellón en 1943 con motivo de las Fiestas de la Magdalena y la ópera *Vinatea*, que contaba con la colaboración de su marido Vicent Asencio en la orquestación y el libreto de Xavier Casp y que se estrenó en el Gran Teatre del Liceu de Barcelona el 19 de enero del año 1974, convirtiéndose, así, en la primera mujer que estrenó una ópera en el templo barcelonés, ochenta y un años después de que programara la ópera *Schiava e Regina* de Lluïsa Casagemas en 1893, que no pudo estrenarse.

Durante su larga carrera, Matilde Salvador fue una de las figuras más representativas de la música valenciana. La Universidad de Valencia le otorgó la medalla de dicha universidad en 2001.

Siguiendo el ejemplo de las compositoras españolas y británicas que se dedicaron a la creación musical e incluyen óperas en sus composiciones, durante el siglo XX y XXI encontramos a más mujeres tanto en España como en el Reino Unido, así como en todo el resto de Europa y de América. Pilar Jurado, Germaine Tailleferre, Grace Mary Williams, Thea Musgrave, Yvonne Desportes, Elsa Respighi, Maria Drdova (pseud. Constans Konstantin), Mansi Barberis, Adriana Hölszky, o María de las Mercedes Adam de Aróstegui, nacida en Cuba y afincada en España, que es la primera compositora de ópera de la isla caribeña, por citar algunos de los muchos ejemplos.

Desdichadamente, y muy a mi pesar, el formato de este libro no puede incorporarlas a todas y me es muy difícil escoger unos nombres frente a otros, por ello quien esté interesado en poder ampliar información sobre las compositoras de este campo musical, además de la bibliografía general, puede dirigir su lectura al libro *Women opera composers: Biographies from the 1500s to the 21st Century*, de Mary F. McVikner publicado en 2016 (ver bibliografía para una descripción más completa). En sus páginas se recogen más de quinientas —sí, más de quinientas— biografías de mujeres que compusieron óperas o escribieron sus libretos. Ahora queda reflexionar sobre cuántas se representan, se interpretan o se registran en la actualidad. Sólo hace falta observar las programaciones. ♪

# Pioneras y luchadoras.
# Tenacidad, fuerza y confianza.

En el momento de preparar y organizar el contenido de los capítulos de este volumen, hemos encontrado elementos comunes entre la mayoría de mujeres músicas que lo integran: la tenacidad para hacer música en un entorno no siempre propicio, la fuerza de voluntad frente a una sociedad no siempre favorable y comprensiva con sus ideas y la confianza en su talento creativo e interpretativo, por enumerar solamente alguno de dichos elementos. Muchas de ellas fueron pioneras en su registro, estilo o instrumento. Otras, fueron auténticas luchadoras para defender su posición. Las hay que siguieron las pautas y las normas sociales y educativas del momento haciendo la música que les correspondía según la época en la que vivieron y cumplieron con su cómputo como músicas, ya fuera como madres y música en el ámbito doméstico y educativo de los hijos, o como profesionales, como las juglaresas, las esclavas músicas, las cantantes, las sacerdotisas y las religiosas o las alumnas de los orfanatos que tocaban en los oficios y realizaban conciertos.

Dependiendo de la época, el rol femenino en la música occidental no ha sido un camino de rosas, sino más bien un valle de lágrimas en el sentido que hemos visto a lo largo de estas páginas: prohibiciones, vetos, baja reputación, desconsideración o aislamiento social, chocaban con los deseos de mujeres que querían ser intérpretes profesionales, acceder a estudios musicales oficiales, interpretar en público en un auditorio o teatro, etc. Otras pudieron acceder al estudio musical, como las mujeres de la alta nobleza y la alta burguesía, estudiando incluso con los músicos y profesores más reputados del momento, pero el mundo profesional, fuera el que fuese, quedaba lejos de su condición y, al igual que sus homólogos masculinos, sus padres o hermanos, eran consideradas como aficionadas. En el mundo artístico se acostumbra a utilizar la palabra *diletante*, un adjetivo italiano que define a una persona que tiene capacidad y afición para una expresión artística pero que no se dedica ello profesionalmente.

Por lo general, la mujer que se dedicaba a la música de forma profesional, fuera del ámbito religioso o desvinculada de una institución sacra, llevaba una carga peyorativa sobre sus espaldas. Las cantantes de ópera fueron muy admiradas, es cierto, pero la vida itinerante no siempre casaba con la idea de la maternidad, de la familia y del rol que se esperaba de ellas. Una mujer que actuaba sobre las tablas de un escenario se exponía a la crítica, al abucheo, a los silbidos, pero también a las ovaciones, al reconocimiento o al deseo, y esto se consideraba peligroso. La fama de una cantante de ópera, de zarzuela o de teatro itinerante que viajaba de un lugar a otro para realizar sus representaciones convivía con el estigma social con el que también se las vinculaba por lo que hemos comentado de la familia y del cuidado del hogar, además de una baja moralidad.

A lo largo del siglo XX y XXI, la sociedad occidental ha ido cambiando muy lentamente la percepción sobre los géneros y los roles asignados. El camino no ha sido ni es fácil todavía en algunos campos, como sucede en general en el mundo laboral. Poco a poco se van consiguiendo avances respecto a la igualdad de oportunidades, pero aún queda mucho por hacer, como que la dirección de orquesta como titular y no como invitada sea habitual en las grandes orquestas y en los grandes auditorios, por citar un ejemplo.

En este último capítulo veremos algunos ejemplos de estas pioneras y luchadoras, cada una con sus propias características y sus vicisitudes, sus vivencias y experiencias, que les hicieron tomar un camino u otro. Tanto aquellas que pudieron salir adelante como aquellas que tuvieron o decidieron quedarse en una parte del camino. Todas ellas son testimonios que ayudaron a abrir puertas y hacer cambios más grandes o más pequeños, pero todos válidos para avanzar en el rol y la visibilidad de la mujer en la música.

Muchas de las mujeres que aparecen en las páginas precedentes deberían estar aquí, en este capítulo, pero sería repetir lo contado previamente. Con esta idea en mente, veremos a algunas mujeres conocidas como grandes intérpretes o compositoras que abrieron o afianzaron caminos en la historia de la música occidental como Clara Wieck Schumann, Elfrida Andrée, Fanny Mendelssohn Hensel, Ethel Smyth, Elizabeth Maconchy o María Luisa Ozaita. Cinco personalidades muy diferentes que, con sus vidas, éxitos y vicisitudes, nos pueden proporcionar una visión panorámica desde diversos puntos a partir del siglo XIX.

AUDICIÓN:
**FANNY MENDELSSOHN** *DÄMMRUNG SENKT SICH VON OBEN*

Quizá las compositoras más conocidas del siglo XIX sean Fanny Mendelssohn y Clara Schumann. Se ha escrito ya mucho sobre ellas en publicaciones muy bien documentadas como las de Beer, Adkins Chiti, Pendle, Bowers y Tick de la bibliografía y a las que remito, aparte de los estudios individuales. Por este motivo no me extenderé sobre sus trayectorias, sino que las veremos de una manera resumida y sucinta y remito al lector a cualquiera de dichas lecturas para una información más exhaustiva. Ambas siguieron diferentes caminos para dar a conocer su música en el área de Centroeuropa.

Las mujeres de la nobleza y la alta burguesía, pudieron estudiar con los músicos y profesores más reputados del momento.

Fanny Cäcilie Mendelssohn-Bartholdy (1805-1847) nació en el seno de una familia acomodada de banqueros. Recibió la mejor educación posible y estudió música con los mismos profesores que su hermano, el compositor Félix Mendelssohn-Bartholdy. Las jornadas de estudio eran duras y largas, desde primeras horas de la madrugada hasta bien avanzada la tarde. Este hábito de largas y duras jornadas de estudio formaba parte de la propia tradición educativa que heredó la familia Mendelssohn desde su abuelo, el famoso filósofo Moses Mendelssohn.

Fanny poseía un gran talento como compositora y como intérprete. A los trece años tocaba de memoria los veinticuatro preludios del *Clave bien temperado* de Johann Sebastian Bach, una obra tremendamente compleja y, al igual que su hermano Félix, eran considerados niños prodigio en varias disciplinas. El primer aprendizaje musical lo realizaron en su hogar, con su madre como profesora.

Por aquel entonces, el entorno social y la educación del conjunto de la sociedad de tipo patriarcal no favorecían en absoluto el desarrollo de una mujer que quisiera labrarse un futuro trabajando, ya que esto significaba un descenso en la escala social además de que podía descuidar la atención a su hogar. Así pues, en la familia Mendelssohn apoyaron, motivaron y propiciaron la carrera de Félix, que sería uno de los compositores e intérpretes más famosos de Europa en su época, mientras que el destino de su hermana Fanny debía ser diferente. En sus biografías encontramos fragmentos de cartas escritas a Fanny por su padre en las que él le desaconseja la idea de dedicarse a la música, puesto que ésta sólo debía ser un complemento para ella, un elemento más para mostrar su saber estar y desenvolverse en sociedad, además de una muestra de la educación recibida para ser transmitida a los hijos de su hogar.

A pesar de ello, Fanny Mendelssohn recibió apoyo de su hermano, que publicó dos obras de ella en su *12 Lieder opus 8: Das Heimweh, Italien* y *Suleika und Hatem* (1830) y dos más en su *12 Lieder* opus 9: *Sehnsucht, Verlust* y *Die Nonne* (1829). Un apoyo tímido, pero algo impensable para una joven de buena reputación de la alta sociedad decimonónica. La relación con su hermano siempre fue fraternal con unos lazos muy estrechos. Él siempre valoró las opiniones y críticas que Fanny hacía de sus composiciones e interpretaciones.

En el año 1829, Fanny se casó con el pintor Wilhem Hensel. Aquí podríamos pensar que podría acabar la carrera musical de Fanny, pero en absoluto. Su marido Wilhem admiraba la capacidad creativa e interpretativa de su esposa y la apoyó en el ámbito musical. Si bien no dio conciertos en un audito-

Portada de la adaptación inglesa del Lied *Schwanenlied*. Fanny Hensel. Text de A. von Minden, 1878. Library of Congress, Washington.

rio público, creó un salón literario en su casa donde se realizaban conciertos, muchos de ellos con composiciones de Fanny Hensel Mendelssohn.

Wilhem Hensel, su marido, la animó a romper con las costumbres para que publicara y diera a conocer su música. Así, con su apoyo, en 1846, publicó sus opus 1 y 2 de Lieder y su opus 3 con piezas para voces mixtas y, en 1847, sus opus 4 y 5 con melodías para piano, su opus 56 con sus Romanzas sin palabras también para piano, y su opus 7 compuesto de Lieder. Fanny Hensel Mendelssohn murió este mismo año 1847 a los cuarenta y un años a causa de un infarto cerebral durante el ensayo de uno de los conciertos de su hermano en Berlín. Esta noticia afectó tanto a Félix que su salud se resintió hasta tal modo que el mismo falleció poco tiempo después.

Sus cuatrocientas sesenta y seis composiciones comprenden lieder, romanzas sin palabras, arias, un trío para piano, doce gavotas, piezas sacras como un Ave María, fugas, gigas, bagatelas, estudios para piano, sonatas para piano, y música de cámara, entre otros.

El caso de Fanny Mendelssohn me hace pensar en María Anna Mozart, conocida como *Nannerl* (1751-1829), que fue también niña prodigio

Nannerl y Wolfgang A. Mozart tocando y cantando con su padre Leopold Mozart. Grabado de Jean Baptiste Joseph Delafosse (1764). Metropolitan Museum of Art. Nueva York.

junto con su hermano Wolfgang Amadeus Mozart. La historia es muy parecida a lo que sucedería a los Mendelssohn, pero al haber nacido cincuenta y tres años antes que Fanny, cuando llegó a la edad adulta tuvo que seguir lo estipulado para ella en aquel momento. De niña prodigio, pasó casi a desaparecer del panorama musical. De hecho, si leemos las informaciones sobre conciertos en la hemeroteca, encontraremos muchísimos casos similares de jóvenes talentosas musicalmente que, al llegar a la edad madura, se casaban y se dedicaban al cuidado del hogar y educación de la familia desapareciendo del mundo musical público hasta bien entrado el siglo XX.

Por las cartas que se han conservado entre los dos hermanos Mozart, sabemos por Wolfgang que ella era compositora, además de una excelente teclista y violinista y también que su hermano le pedía consejo u opinión sobre sus obras, puesto que sentía plena admiración hacia Nannerl. No ha sido hasta 2015 que un estudio caligráfico del cuaderno que utilizaba para tomar apuntes y para enseñar música a su hermano menor, ha revelado que es la autora de más de una veintena de composiciones escritas en él.[68] Asimismo, se conoce que Wolfgang tocó varias veces composiciones para piano compuestas por su hermana.

---

68. Pearlman, Jonathan, 2015.

La película *Nannerl, la hermana de Mozart*, dirigida por René Féret el año 2010 e interpretada por su hija Marie Féret en el papel de la protagonista, nos muestra el peso de la sociedad sobre diversos aspectos del rol de la mujer en el siglo XVIII, especialmente el de

PELÍCULA RECOMENDADA:
*Nannerl, la hermana de Mozart*
**Dir.: René Féret (2010)**

Nannerl, que quería dedicarse a la música. En una secuencia, vemos a Leopold Mozart, el padre de Nannerl, que la riñe por tocar el violín puesto que no era un instrumento apto para las jóvenes, en cambio lo podía tocar mientras era una niña. En el transcurso de la película vemos lo dura que era la infancia de los niños y niñas prodigio, especialmente los hermanos Nannerl y Wolfgang A. Mozart en su largo viaje por diversos países de Europa o el destino de Luisa de Francia, como ejemplo de estas niñas que ingresaban en los conventos femeninos. En fin, una película muy recomendable tanto por el contexto social, como por la propia historia de Nannerl.

Retornando al siglo XIX, encontramos a Clara Wieck Schumann (1819-1896) que, aunque quince años más joven, fue coetánea de Fanny Mendelssohn. De un origen familiar diferente, puesto que los Mendelssohn pertenecían a la alta burguesía, el padre de Clara fue Friedrich Wieck, profesor y pedagogo musical reconocido en Leipzig y contaba entre sus alumnos a un joven Robert Schumann. Ella fue también una niña prodigio con un talento interpretativo innato para el piano, su instrumento. Igual que los Mendelssohn, Clara Wieck tenía largas y duras sesiones de aprendizaje diarias en las que estudiaba composición, armonía, canto, violín, piano y demás materias musicales. Vivía casi toda la jornada entregada a la música. A los nueve años hizo su primer concierto y a los once ya realizó su primera gira por Centroeuropa.

*Liebst du um Schönheit.* (versión inglesa). Clara Schumann.
Library of Congress, Washington.

Robert Schumann conoció a Clara cuando ella tenía once años y el veinte, en un concierto de ella. Posteriormente entró en su hogar como alumno del padre de ella. Robert sentía una gran admiración por Clara, que pasó de una amistad al amor. Se casaron el día antes que ella cumpliera veintiún años en 1840, la mayoría de edad y ello causó un gran enfado en el padre de ella, que veía en Robert a un joven inestable. En fin, que la relación entre padre e hija se resintió por ello. Clara, a partir de aquel momento se dedicó más a la interpretación que la composición. Sus obras muestran una gran inspiración y un conocimiento excepcional de la técnica pianística.

Los Schumann tuvieron ocho hijos. Clara Wieck Schumann es el ejemplo que rompe con la idea que una mujer música, sea compositora o intérprete descuidaba a su familia. Debido a la lesión que sufrió Robert en una mano, éste tuvo que olvidar su carrera como intérprete y se dedicó a la composición y a la crítica musical. Era Clara la que interpretaba sus piezas en los conciertos que realizaba. Además, fue la acompañante de Joseph Joachim en más de doscientos cuarenta conciertos. La faceta de concertista de Clara Wieck Schumann era conocida ya desde la gira que realizó de niña en 1830, creando la admiración entre su público por su expresividad y su cuidada interpretación al piano. Se estima que entre 1831 y 1889 realizó cerca de mil trescientos conciertos, interpretando obras de Robert, su marido, también propias o, entre otros, las de Félix Mendelssohn, Frédéric Chopin y de Johannes Brahms, compositor que sentía una autentica admiración hacia Clara, que despidió su carrera como concertista el 12 de marzo de 1891, interpretando una obra de éste: *Variaciones sobre un tema de Haydn*, en la versión para dos pianos, junto a James Kwast.

Clara Wieck también fue una de las primeras profesoras oficiales en un conservatorio. Ocupó la cátedra de piano en el Conservatorio Hoch de Frankfurt desde 1871 hasta 1892. La fama de Clara le permitió escoger entre diferentes centros de Berlín, Stuttgart y Hannover. Fue di-

cho conservatorio Frankfurt quien accedió a sus peticiones como docente: horario, asistentes y demás. Allí Clara se convirtió casi en una institución y atrajo a alumnos tanto germánicos como de otros países. Desde su cátedra, Clara Wieck Schumann dio clases principalmente a alumnos avanzados, especialmente a mujeres jóvenes con un gran talento interpretativo al piano. Vemos que poco a poco se fueron abriendo las puertas de los centros oficiales también para las docentes, como sucedió con Clara Wieck Schumann.

Un poco más al norte, en Suecia, encontramos la figura de Elfrida Andrée (1841-1929). Compositora, organista y también directora de orquesta sueca fue una mujer tenaz y luchadora.

AUDICIÓN:
CLARA SCHUMANN
*4 PIEZAS FUGITIVAS, OP. 15: NÚM. 3, ANDANTE ESPRESSIVO*

Hizo todo lo posible para equiparar a las mujeres de su país a los hombres suecos. Por ejemplo, fue una de las integrantes de la primera promoción femenina de telegrafistas suecas y abrieron el camino de las operadoras telefonistas de su país.

Por lo que concierne a la música, a los catorce años se trasladó a Estocolmo para estudiar órgano, para nada un instrumento considerado femenino en aquel entonces, en la Real Academia de Música Sueca. Desafortunadamente tuvo que estudiar de forma libre o externa, puesto que el género femenino no era admitido por aquel entonces. A pesar de ello, dos años más tarde, en 1857, se convirtió en la primera mujer en Suecia en diplomarse en esta especialidad. No fue nada fácil encontrar trabajo puesto que por prohibición expresa, las mujeres no podían tocar en las iglesias. Con su tesón y con el apoyo de su padre, consiguieron que se cambiara la legislación de este país y en 1861 se produjo la modificación legislativa que permitía a las mujeres optar al cargo de organista en un centro religioso. Fue en 1867 cuando Elfrida Andrée obtuvo la plaza por concurso de organista de la catedral de Gotemburgo frente a siete opositores más. En aquel instante, Elfrida Andrée se convirtió en la primera mujer en toda Europa en ocupar dicho cargo en una catedral.

AUDICIÓN:
ELFRIDA ANDRÉE.
*SINFONÍA PARA ÓRGANO NÚM. 2, EN MI BEMOL. I ALLEGRO MODERATO*

Su primera sinfonía se estrenó en Estocolmo el año 1869 y Elfrida Andrée fue también la primera mujer sueca en dirigir una orquesta en 1871 cuando se puso al frente de una orquesta en Gotemburgo. Y estuvo al frente de una orquesta sinfónica en Berlín para el estreno de una de sus composiciones, su obertura en Re Mayor, del 1873.

AUDICIÓN:
ELFRIDA ANDRÉE.
*CUARTETO DE CUERDA EN RE M: I ALLEGRO*

Posteriormente, en 1895, se estrenó un cuarteto de cuerdas en la exposición *Mujeres, del pasado al presente*, que tuvo lugar en Copenhague. La obra había sido compuesta por Elfrida Andrée en 1887.[69] Esta interpretación fue la primera de un cuarteto femenino que tocaba una obra de una compositora en los países nórdicos. Para ello tuvieron que buscar a las componentes en varios lugares del área nórdica debido a que los instrumentos de cuerda no eran considerados femeninos y no había tantas intérpretes de violín, viola y violonchelo disponibles.

Elfrida Andrée fue una mujer reconocida como música y en 1887 se encargó de los conciertos populares Arbetareinstitutet en Gotemburgo. Los conciertos gozaban de un repertorio variado desde piezas de canto, corales, recitales de piano, música de cámara y orquesta a un precio módico para poder llegar a un público más humilde.

Como vemos, el tesón y la confianza en sí misma hicieron que Elfrida Andrée consiguiera ser lo que siempre había soñado: organista profesional.

Otra compositora tenaz, que hizo frente a las adversidades sociales y políticas fue la británica Ethel Smyth (1858-1944), que se trata más ampliamente en el capítulo *¿Compositoras de ópera?*, y allí vemos las dificultades que tuvo que afrontar para poder estudiar y estrenar su música. A parte de ser compositora, Ethel Smyth fue una firme defensora del sufragio femenino y dedicó dos años de su vida al movimiento sufragista junto a Emmeline Pankhrust, la activista que fundó el Sindicato Político y Social de las Mujeres (WSPU) en 1903. A causa de este activismo político y social como sufragista, Ethel Smyth, estuvo en prisión dos meses y su composición *March of the women* se usó como himno del WSPU durante muchos años. El activismo de Dame Ethel Smith no acabó cuando se consiguió que las mujeres mayores de treinta años pudieran votar a partir de 1918 en el Reino Unido, sino que durante

69. https://www.swedishmusicalheritage.com/composers/andree-elfrida/?action=composers& composer=andree-elfrida

AUDICIÓN:
ETHEL SMYTH.
*MARCH OF THE
WOMEN*

Partitura *The march of the women*, Ethel Smyth
(1911). Library of Congress. Washington.

toda su vida defendió la posibilidad de que se programase e interpretase música compuesta por mujeres de una manera estable y, además, que las mujeres también pudieran ingresar en las plantillas orquestales de una manera oficial.

Debido a que fue perdiendo audición, Ethel Smyth dejó de componer. Lo que no hizo fue dejar de escribir y entre los textos que nos legó encontramos sus memorias, una autobiografía plasmada bajo el título *Impressions that remained*, del año 1919. En ella, observamos a una mujer tenaz, inteligente, conocedora de sus capacidades y, sobre todo, firme y fiel para con sus ideas.

Al igual que Ethel Smyth, Elizabeth Maconchy (1907-1994), otra de las compositoras británicas, tiene un amplio catálogo de música de cámara, vocal e instrumental, aparte de ballets. Como hemos visto en el capítulo de las compositoras de ópera, Maconchy escribió otros géneros musicales y su obra fue premiada en varias ocasiones. Como leemos en aquel capítulo, la autora Patricia Adkins Chiti nos explicó en su libro *Las mujeres en la música* (edición y ampliación en español por María Luisa Ozaita, de Alianza editorial, 1995) como se le negó el Premio Mendelssohn, un premio de prestigio, bajo el argumento que «se le habría concedido este premio si estuviera casada y no hubiese seguido escribiendo».[70] Es decir, no se le concedió di-

AUDICIÓN:
ELIZABETH
MACONCHY
*THE LAND, SUITE
FOR ORCHESTRA:
NÚM. 2, SRING.
ALLEGRO*

_____
70. Adkins Chiti (1995), p. 374.

cho premio por ser una mujer trabajadora que compaginaba su trabajo, la composición, con el cuidado de su hogar junto a su marido, el bibliotecario William Richard LeFanu, con el que se casó en 1930 y tuvieron dos hijas, Anna y Nicola, también compositora, académica y directora.

Elizabeth Maconchy estuvo plenamente implicada en diferentes movimientos socioculturales y desde allí trabajó para visualizar a las mujeres músicas y para su valorización en la sociedad. Como compositora, estuvo al frente de la *Asociación de Compositores Británicos*, de la que devino la primera mujer presidenta en 1959. También fue la directora de la *Asociación para la Promoción de la Música Moderna*, además de vicepresidenta de la *Asociación de Mujeres Músicas* y de la *Asociación Musical para los Trabajadores*. Como podemos observar, fue una mujer muy implicada en movimientos socioculturales y plasmó sus ideas y experiencias en diversas monografías y artículos.

En España, al igual que en otros países, han surgido diferentes asociaciones de mujeres dedicadas a la música en todos sus ámbitos, ya sea como intérpretes, o compositoras, musicólogas, etc., que trabajan en pos de la normalización y de la visualización de las mujeres en la música. En este campo, encontramos la asociación Mujeres en la Música que, en el caso de España, fue fundada en 1989 entre otras, por la clavecinista, pianista, directora, compositora y musicóloga María Luisa Ozaita Marqués (1939-2017) que, además de ser socia fundadora, fue su presidenta desde su inicio y presidenta de Honor hasta su fallecimiento en 2017.

Con una importante carrera musical, María Luisa Ozaita estudió con Fernando Remacha y también estuvo en centros extranjeros. Así pues, estudió también con L. Thybo y K. J. Isaksen, en el Real Conservatorio de Copenhague o con el clavecinista de origen canadiense Kenneth Gilbert. Su carrera musical la llevó a realizar conciertos por todo el mundo y sus obras forman parte del repertorio internacional. Ya hemos tratado un poco más sobre María Luisa Ozaita en el capítulo *¿Compositoras de Ópera?*. Su tenacidad hizo de ella una mujer incansable que trabajó para difundir la presencia de la mujer en conciertos y en recuperar aquellas que la historia había invisibilizado o ignorado. Ello le llevó a colaborar e impulsar eventos como el *Frauen Musik* de Viena, *Donne in Musica* de Roma o el *Festival de Mujeres en la Música de Getxo*.

Durante su vida publicó diversos artículos en revistas especializadas y conferencias, dando así la visibilidad a muchas compositoras e intérpretes y fue la encargada de escribir la sección dedicada a las compositoras españolas del siglo XIX y XX en el libro *Mujeres en la música*, de Patricia Adkins Chiti (ed. Alianza).

Su labor no fue en vano ni quedó en el cajón del olvido, sino que durante su vida recibió diversos homenajes en reconocimiento a su trabajo como música y como investigadora por devolver a la luz a mujeres intérpretes y compositoras y favoreciendo su conocimiento, interpretación y difusión.

Vemos que una de las facetas musicales de María Luisa Ozaita fue la musicología, es decir, el estudio de la historia y de las ciencias musicales. Cabe destacar que en esta disciplina de la música también van incorporándose nombres de musicólogas como referentes importantes en los últimos años: Maricarmen Gómez Muntané, Tess Knighton, Pilar Ramos o Susan Mac-Clary, son algunas de las más importantes en su especialidad en el mundo de la musicología y sus innumerables trabajos en revistas divulgativas, científicas y libros, así como en sus clases como docentes, han aportado gran cantidad de conocimiento a la historia de la música. 𝄢

# Bibliografía

— **(1962).** *Sagrada Biblía.* Madrid: Biblioteca de Autores Cristianos.

- **Adkins Chiti, Patricia; Ozaita Marqués, Maria Luisa (1995).**
*Las mujeres en la música.* Madrid: Alianza Editorial.

- **Amt, Emile (1993).** *Women's lifes in medieval Europe.*
Nueva York: Routledge.

- **Baade, Colleen R. (1997).** «La 'Música sutil' del monasterio de la
Madre de Dios de Constantinopla: aportaciones para la historia de la
música en los monasterios femeninos de Madrid a finales del siglo XVI
XVII». *Revista de musicología*, vol. XX, núm. 1, pp. 221 – 230.:

- **Bacardí Moreau, Emílio (1894).** *Crónicas de Santiago de Cuba.* Ed.
1908. Tomo I. Barcelona: Tipografía de Carbonell y Esteva.

- **Bain, Jennifer (2015).** *Hildegard of Bingen and musical reception. The
modern revival of a medieval composer.* Cambridge: Cambridge University
Press.

- **Blasco Vercher, Francisco; Sanjosé Huguet, Vicente (1994).** *"Los instrumentos musicales".* Valencia: Universitat de València . Servei de publicacions.

- **Beer, Anna (2016).** *Sounds and sweet airs. The forgotten women of classical
music.* Londres: Oneworld Publications.

- **Bejarano Pellicer, Clara (2014).** «Las mujeres y la práctica musical en
el Siglo de Oro: ficción y realidad en Sevilla». Janus, estudios sobre el
Siglo de Oro, núm. 3, pp. 185 – 219.

- **Bofill Levi, Ana (2015).** *Los sonidos del silencio. Aproximación a la historia
de la creación musical de las mujeres.* Barcelona: Aresta editorial.

- **Bowers, Jane (1987).** «The emergence of women composers in Italy». *Women making music: The western art tradition, 1150 – 1950)*. Bowers, Jane; Tick, Judith (ed.), Urbana y Chicago: University of Illinois Press, pp. 116 – 167.
- **Bowers, Jane; Tick, Judith (ed.) (1987).** *Women making music: The western art tradition, 1150 – 1950)*. Edición de 1987. Urbana y Chicago: University of Illinois Press.
- **Butler, Katherine (2015).** *Music in Elizabethan court politics.* Suffolk: The Boydell Press.
- **Burney, Charles (ed. 2019).** *Viaje musical por francia e Italia en el s. XVIII.* Barcelona: Acantilado. Quaderns Crema S. A.
- **Carpentier, Alejo (1946).** *La música en cuba.* Ed. de 2002. Barcelona: Círculo de lectores.
- **Chabot, Jean Baptiste, ed. (1902).** *Synodicon orientale ou recueil de synodes nestoriens.* Paris: Imprimerie Nationale.
- **Chaves de Tobar, Matilde Del Tránsito (2009).** *La vida musical en los conventos femeninos de Alba de Tormes (Salamanca).* Tesis Doctoral (Dir.: Matilde Olarte Martínez). Universidad de Salamanca.
- **Citron Marcia J. (1987).** «Women and the lied, 1775 - 1850». Bowers, Jane; Tick, Judith (ed.) (1986). *Women making music: The western art tradition, 1150 – 1950)*. Edición de 1987. Urbana y Chicago: University of Illinois Press, pp. 224 – 248.
- **Cohen, Aaron I. (1987).** *International encyclopedia of Women Composers.* Nueva York: Books & Music.
- **Cortés García. Manuela (2011).** «Estatus de la mujer en la cultura islámica: las esclavas cantoras (s. XI – XIX)». *Mujer vesus música.* Iniesta Masmano, Rosa (ed.). Valencia: Rivera Editores.
- **De Vicente, Alfonso (2000).** «La actividad musical en los Monasterios de monjas en Ávila durante la edad moderna – Reflexiones sobre la investigación musical en torno al Monasterio de Santa Ana». *Revista de Musicología*, vol. XXIII. núm. 2, pp. 513 - 523.
- **Fant, Maureen B.; Lefkowitz, Mary R. (2016).** *Women's life in Greece and Rome: A source book in translation.* Londres: Bloomsbury Publishng.
- **Farmer, Henry George (1929).** *A History of Arabian music to the XIIIth century.* Londres: Luzac.
- **Fubini, Enrico (2005).** *La estética musical dese la Antigüedad hasta el siglo XX.* 2a. Ed. Madrid: Editorial Alianza.
- **García, Joaquín José (1845).** «Documentos inéditos». *Protocolo de antigüedades, literatura, agricultura, indústria, comercio.* Havana: Imprenta de J. Soler.Tom. 1, núm. 4, entrega 4, pp. 296 – 298.

- **García Cardiel, Jorge (2017).** «Las flautistas de Iberia. Mujer y transmisión de la memoria social en el mundo ibérico (siglos III – II a. C.)», *Complutum*, 28(1), pp. 143-162.
- **Garvey Jackson, Barbara (2001).** «Musical women of the seventh and eighteenth centuries». Pendle, Karin (ed.) (1991 - 2001). *Women & music*. A history. 2a. Edición. Bloomington e Indianapolis: Indiana University Press, pp. 97 – 144.
- **Gil, Luis (1982).** *Platón. El banquete. Fedón.* Barcelona: Editorial Planeta.
- **Gómez de Valenzuela, Manuel (1989).** «Esclavos moros en Aragón (ss. XI – XVI)». *Argensola. Revista de Ciencias Sociales del Instituto de Estudios Altoaragoneses.* Núm. 102, pp. 115 – 132.
  — ((2014). *Esclavos en Aragón (siglos XV a XVII).* Zaragoza: Fundación Fernándo el Católico.
- **Gómerz Muntané. Maricarmen (1979).** *La música en la casa real catalano aragonesa. 1336 – 1442.* Vol. 1. Barcelona: Antoni Bosch editor.
  — **(1980).** *La música medieval.* Bacelona: Dopesa.
  — **(2001).** *La música medieval en España.* Kassel: Reichnberger edition.
- **Graves – Brown, Carolyn (2010).** *Dancing for Hator. Women in Ancient Egypt.* Londres: Continuum.
- **Izquierdo Torrontera, Lidia (2020).** «Vida musical en el mundo íbero. Una perspectiva de género», *Mujeres en la música: una aproximación desde los estudios de género.* zapata Castillo, Mª Ángeles; Yelo Cano, Juan Jesús; Botella Nicolás, Ana Mª (eds.). Madrid: Comisión de trabajo «Música y mujeres: estudios de género» de la Sociedad Española de Musicología, pp. 28 – 43.
- **Kelnberger, Christian (2004).** «"Time stands still with gazing on her face..."»: Queen Elizabeth I and her musicians», *Queen Elizabeth I: past and present.* Jansohn, Christa (ed.), pp. 117 - 132. Münster: Lit Verlag.
- **Larson, David (1977).** «Women and song in eighteenth-century Venice: Choral music in the four conservatories for girls». *The choral journal*, núm. 18, pp. 15 – 24.
- López benito, Clara Isabel (2004). «Relaciones, esfuerzo y ambición. Los pilares del progrreeso en una família segundona de la nobleza Salmantina», *Studia Histórica*, núm. 26, pp. 227 – 254.
- **McVikner, Mary F. (2016).** *Women opera composers: Biographies from the 1500s to the 21st Century.* Jefferson: Mc Farland & Company, Inc.. Publishers.
- **Monsaingeon, Bruno (2018).** *«Mademoiselle». Conversaciones con Nadia Boulanger.* Barcelona: Acantilado. Quaderns Crema S.A.

- **Monson, Craig (1990).** «Elena Malvezzi's Keyboard Manuscript: A New Sixteenth-Century Source», *Early Music History*, vol. 9, pp. 73–128.
- **Navarro de la Coba, Mª Dolores (2020).** «Avidencias y registros de la mujer como tañedora en al-Ándalus e instrumentos musicales relacionados con ellas.» *Mujeres en la música: una aproximación desde los estudios de género*. zapata Castillo, Mª Ángeles; Yelo Cano, Juan Jesús; Botella Nicolás, Ana Mª (eds.). Madrid: Comisión de trabajo «Música y mujeres: estudios de género» de la Sociedad Española de Musicología, pp. 59 – 71.
- **Pasler, Jann (2014).** *Writing through Music: Essays on Music, Culture and politics.* Oxford: Oxford University Press.
- **Pendle, Karin (ed.) (1991).** *Women & music. A history.* 2a. Edición: 2001. Bloomington e Indianapolis: Indiana University Press.
- **Picinelli, Filippo (1670).** *Ateneo dei letterati milanesi.* Milán: Francesco Vigone.
- **Plummer, John F. (ed.) (1981).** *Vox feminae. Studies in medieval woman's song.* Kalamazoo: Board of the Medieval Institute.
- **Ponzetta, Antonio Tomaseo (2008).** «Breve storia dell'Istituzione». *La Pietà a Venezia. Arte, musica e cura dell'infanzia fra tradizione e innovazione.* Venecia: Istituto provinciale per l'Infanzia"Santa Maria della Pietà".
- **Quasten, Johannes (1941).** «The liturgical singing of women in christian antiquity». *The catholic historical review*, vol. 27, núm. 2, pp. 149 – 165.
- **Ramos López, Pilar (2003).** *Feminismo y música. Introducción crítica.* Madrid. Narcea Ediciones.
- **Ravelhofer, Barbara (2004).** *«Dancing at the court of Queen Elizabeth».* Jansohn, Christa (ed.)., pp. 101 – 116. Münster: Lit Verlag
- **Redmond, Layne (1997).** *When the drummers were women: a spiritual history of rhythm.* Nueva York: Random House.
- **Remnant, Mary (2002).** *Historia de los instrumentos musicales.* Teià: Ediciones Robinbook – Ma non troppo.
- **Ribera Tarragó, Julián (1927):** *Historia de la música árabe medieval y su influencia en la española.* Madrid: Editorial Voluntad.
- **Rosemberg, Samuel N; Switten, Margaret; Vot, Gerard le (1998).** *Songs of the Troubadours and Trouveres: An anthology of poems and melodies.* Londres: Routledge.
- **Rozemblum Sloin, José Luis (2011).** *Glosario de instrumentos musicales.* Madrid: Ediciones Akal.
- **Sadie, Julie Anne; Rhian Samuel (Eds.) (1994).** *The new Grove dictionary of women composers.* Londres: Macmillan.

- **Sánchez Rodríguez, Virginia (2018).** «De su puño y letra: la dualidad de María Barrientos en los albores del siglo XX», *Revista catalana de Musicología*, núm. 11, pp. 177 – 197.
- **Tildesley, Joyce (1995).** *Daughters of Isis. Women of ancient Egypt.* Londres: Penguin Books.

Tonelli, Vanessa M. (2013). *Women and music in the venetian ospedali.* TFG. Universidad de Michigan.
- **Tonietti, Maria Victoria (2018).** «The first Ancient Near Eastern written sources on musicians'activity and performance: The Ebla Archives — A glance at the 3rd millenium BCE syrian evidence». *The study of musical performance in Antiquity: Archeology and written sources.* García Ventura, Agnès; Verderame, Lorenzo y Tavoliery, Claudia (eds.). Cambridge: Cambridge scholars publishers, pp. 9 – 38.
- **Triviño Monrabal, Sor María Victoria, OSC (2013).** «Hildegard von Bingen y el canto en la liturgia claustral». *El Patrimonio Inmaterial de la Cultura Cristiana.* Campos, Francisco Javier (ed.). San Lorenzo del Escorial: Ediciones escurialenses, pp. 85-104.
- **Vera Martín - Peñasco, Mª Carmen (2020).** «La gacela en las garras del león». La figura de las *qiyan* desde la perspectiva del siglo XXI. ¿Víctimas o empoderadas?». *Mujeres en la música: una aproximación desde los estudios de género.* Zapata Castillo, Mª Ángeles; Yelo Cano, Juan Jesús; Botella Nicolás, Ana Mª (eds.). Madrid: Comisión de trabajo «Música y mujeres: estudios de género» de la Sociedad Española de Musicología, pp. 44 – 58.
- **Weir, Alison (2008).** *Henry VIII: King and court.* Londres: Vintage books.

# Webgrafía

- **Asociación Mujeres en la Música.** http://www.mujeresenlamusica.es/
- **Biografía Elfrida Andrée.** https://www.swedishmusicalheritage.com/composers/andree-elfrida/?action=composers&composer=andree-elfrida
- **Buckenmaier, Nicola.** *Caroline Schleicher-Krähmer: la primera mujer solista de clarinete.* International clarinet Association. https://clarinet.org/2019/09/02/caroline-schleicher-krahmer-first-female-clarinet-soloist/
- **Centro de Documentación de las Artes Escénicas y de la Música** http://www.musicadanza.es/es/tematicos/monografico-2/maria-de-pablos
- **Cusick, Suzanne (2002).** *Francesca Caccini.* Oxford Music online. https://www-oxfordmusiconline-com.are.uab.cat/grovemusic/view/10.1093/gmo/9781561592630.001.0001/omo-9781561592630-e-5000004719?result=1&rskey=YPI2GP#omo-9781561592630-e-5000004719-div1-5000983513
- **Fernández Romero, Enrique.** *Memoria de Elena Romero.* Asociación Mujeres en la Música. http://mujeresenlamusica.blogspot.com/2007/09/memoria-de-elena-romero.html
- **Monica.** *Cuando los percusionistas eran mujeres.* Blog Sujetos y accion. http://connaissancesenaction.blogspot.com/2017/12/cuando-las-percusionistas-eran-mujeres.html
- **Lira, Félix (2019).** «Del Colegio de las Once Mil Vírgenes a la calle Varillas», *La crònica de Salamanca.* 1 de septiembre de 2019. https://lacronicadesalamanca.com/248435-del-colegio-de-las-once-mil-virgenes-a-la-calle-varillas/

- **Ortiz, Claudia.** *Compositoras de la Historia.*
  https://www.allegromagico.com/mujeres-en-la-musica-clasica/
- **Palma, Victòria.** Secció femenina Orfeó Català.
  https://www.ccma.cat/catradio/alacarta/microtons/femeni-i-singulars/
  audio/973574/
- **Pearlman, Jonathan (2015).** «Mozart's sister composed works used by
  younger brother. Australian researcher claims to have discovered the
  "musical handwriting" of Mozart's sister Maria Anna in works used by
  her younger brother to learn piano». *The Telegraph*, 07 de septiembre
  de 2015.
  https://www.telegraph.co.uk/news/worldnews/australiaandthepacific/
  australia/11848915/Mozarts-sister-composed-works-used-by-younger-
  brother.html
- **Piñero Gil, Carmen Cecília (2008).** *Primer listado actualizado de
  compositoras iberoamericanas y españolas.* Mousiké Logos, La Retrata, San
  José, Costa Rica, ISSN:1659-3510, 2008.
  http://www.kapralova.org/iberocomposers.pdf
- **Porter, William; Carter, Tim (2001).** *Peri, Jacopo* ['Zazzerino'].
  Oxford Music Online. https://www-oxfordmusiconline-com.are.uab.
  cat/grovemusic/view/10.1093/gmo/9781561592630.001.0001/omo-
  9781561592630-e-0000021327?rskey=3r4Bra
- **Real Colegio de Doncellas Nobles.** Toledo Monumental.
  https://toledomonumental.com/doncellas/saber-mas-doncellas
- **Rodriguez Ruidíaz, Armando (2015).** *El origen de la música cubana.
  Mitos y realidades.* https://www.academia.edu/4832395/El_origen_de_
  la_m%C3%BAsica_cubana_Mitos_y_realidades
- **Rudich, Julieta (1997).** «La Filarmónica de Viena decide admitir
  mujeres en sus filas». *El País.* 28 de febrero de 1997.
  https://elpais.com/diario/1997/02/28/cultura/857084402_850215.html
- **Ruiz Mantilla, Jesús (2019).** «La música olvidada de María de Pablos,
  primera mujer con batuta de España», *El País.* 19 de julio de 2019.
  https://elpais.com/cultura/2019/07/18/actualidad/1563439238_063301.
  html
- **Venegas de Henestrosa, Luis (1557).** *Libro de cifra nueva*
  https://imslp.org/wiki/Libro_de_cifra_nueva_(Venegas_de_
  Henestrosa,_Luis) 𝄢

# Playlist Spotify

Si quieres escuchar los fragmentos de las obras más significativas que aparecen en este libro puedes acudir a este link que te conducirán a ellas:

**En la misma colección:**

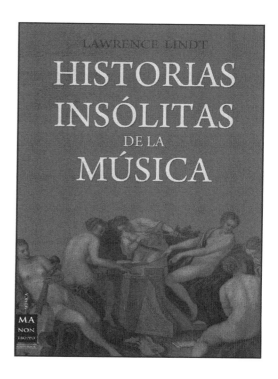

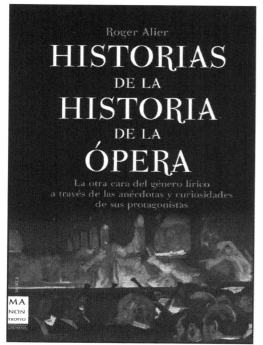

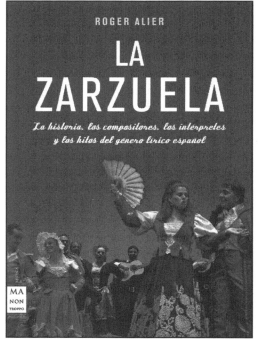